MINISTÈRE
TRAVAUX PUBLICS

DÉPARTEMENTS

des Ardennes
de la Meuse
de Meurthe-et-Moselle
des Vosges
et de la Haute-Saône.

° SECTION

I. FRÉCOT, Ingén' en chef, Direct'.
I.   Ingénieur en chef.
I.   Ingénieur ordinaire.

PONTS ET CHAUSSÉES

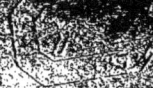

CANAL DE L'EST

CANALISATION ET JONCTION

DE LA MEUSE, DE LA MOSELLE ET DE LA SAONE

DEVIS GÉNÉRAL DES TRAVAUX

V   ©   16739

16739

MINISTÈRE
DES TRAVAUX PUBLICS.

——✦✧✦——

DÉPARTEMENTS

des Ardennes
de la Meuse
de Meurthe-et-Moselle
des Vosges
et de la Haute-Saône.

——✦——

° SECTION

—

M. FRÉCOT, Ingénⁱ en chef, Directʳ.
M.   Ingénieur en chef.
M.   Ingénieur ordinaire.

——✦✧✦——

PONTS ET CHAUSSÉES

CANAL DE L'EST

CANALISATION ET JONCTION

DE LA MEUSE, DE LA MOSELLE ET DE LA SAONE

——✦✧✦——

DEVIS GÉNÉRAL DES TRAVAUX

Objet et Division.

1. — Le présent cahier des charges s'applique aux ouvrages de toute nature à exécuter par voie d'adjudication, pour l'établissement du canal de l'Est, c'est-à-dire pour la canalisation et la jonction des rivières de la Meuse, de la Moselle et de la Saône, entre la frontière belge et Port-sur-Saône, ainsi que pour la construction des embranchements, des rigoles d'alimentation, et de toutes les autres dépendances de la nouvelle voie navigable.

Il se divise en quatre chapitres, savoir :

Chapitre Iᵉʳ. — Qualité et préparation des matériaux.
— II. — Emploi des matériaux et mode d'exécution des ouvrages.
— III. - - Mode d'évaluation des ouvrages.
— IV. — Conditions et dispositions générales.

Un devis particulier et spécial sera d'ailleurs dressé pour chaque entreprise ; il indiquera les dispositions spéciales des ouvrages qui en font partie ; il formulera les clauses et conditions qui n'auront pu trouver place dans le cadre du présent devis général ; enfin, il spécifiera les clauses et conditions de ce devis général, auxquelles il serait exceptionnellement dérogé.

CHAPITRE I.

Qualités et préparation des Matériaux.

§ 1. — TERRES, GAZONS, GRAINES, BOUTURES, ETC.

**Terre végétale
à répandre sur les talus.**

2. — La terre végétale à répandre sur les talus proviendra généralement des déblais du canal et des dérivations, ou des emprunts de terre nécessaires à la construction de leurs remblais. Elle pourra aussi quelquefois être prise, soit dans la couche de terre végétale à recouvrir par les remblais, soit dans des emprunts à faire dans le voisinage du tracé pour se procurer de la terre végétale seulement. Quoi qu'il en soit, l'Administration fournira toujours les terrains dans lesquels elle devra être extraite.

Cette terre sera choisie principalement dans les prés et parmi les terres les plus propres à la végétation. Avant d'être répandue sur les talus, elle sera brisée très-menu, parfaitement divisée, et purgée avec soin des pierres, des racines et des herbes de mauvaise qualité qu'elle pourrait contenir.

Graines pour semis.

3. — Les graines qui seront employées pour les semis destinés à consolider les talus seront celles de foin, de luzerne, de sainfoin, de trèfle rouge ou blanc, et de fléole des prés ou autres essences analogues, dans des proportions variées, suivant la nature du sol, et suivant les indications et proportions qui seront déterminées par l'ingénieur.

Ces graines seront de la meilleure qualité de chacune des espèces à employer, fraîchement récoltées, épurées et reçues avant l'emploi ; celles qui, jetées dans l'eau, surnageraient, seraient refusées.

Gazons et Joncs.

4. — Les gazons destinés au revêtement des talus proviendront de terrains indiqués par l'ingénieur ; ils seront bien chevelus, très-herbus, bien garnis de racines vives et de terre ; ils seront coupés bien carrément, et auront de $0^m,10$ à $0^m,12$ d'épaisseur. Ceux posés à plat auront $0^m,30$ de longueur et de largeur ; ceux posés en assises auront $0^m,30$ de longueur et $0^m,40$ de queue ; ils ne pourront être employés que bien frais et non cassés.

Les joncs seront enlevés par touffes avec leurs racines.

Boutures.

5. — Les boutures à planter sur les berges des nouveaux lits de ruisseaux ou de rivières, ou sur les talus des dérivations elles-mêmes, seront en osier jaune, saule, peuplier ou autres arbres, suivant qu'il sera prescrit par le devis particulier de l'entreprise ou par les indications de l'ingénieur.

Ces boutures seront saines, vigoureuses et garnies de boutons ; elles auront moyennement $0^m,01$ de diamètre, de $0^m,40$ à $0^m,80$ de longueur, seront fraîchement coupées et encore remplies de séve ; elles seront maintenues dans l'humidité jusqu'au moment de la plantation, qui ne pourra avoir lieu plus de deux jours après la coupe.

Piquets pour clayonnages.

6. — Les piquets à employer aux fascinages et tunages devront être en bois de chêne, ronds, bien droits, bien affûtés à la pointe et coupés carrément à leur tête. Ils auront de $1^m,80$ à 2 mètres de longueur, et de $0^m,05$ à $0^m,07$ de diamètre moyen.

Pour les clayonnages hors de l'eau, les piquets seront en saule ou aulne, bien verts et susceptibles de prendre racine.

Clayons.

7. — Les verges ou baguettes pour clayonnages et tunages devront être en bois de chêne, charme ou noisetier ; elles seront droites et lisses, d'une grosseur uniforme, peu ou point garnies de menues branches, et n'auront pas plus de deux mois de coupe. Celles qui seraient vieilles et cassantes seront rebutées. Ces clayons auront de $0^m,02$ à $0^m,03$ de diamètre moyen, et de 4 à 5 mètres de longueur ; on les conservera dans l'eau jusqu'au moment de l'emploi.

Fascines.

8. — Les fascines seront en branches de saule, vertes, très-menues, coupées carrément à leur tête, bien serrées et liées par trois harts en chêne. Leur dia-

mètre sera de 0ᵐ,18 au moins à la tête, et de 0ᵐ,10 au moins à 2 mètres de la tête, et leur longueur de 2ᵐ,50 au moins.

§ 2. — MATÉRIAUX POUR MAÇONNERIES, PAVAGES, EMPIERREMENTS, ETC.

Chaux hydraulique. 9. — Sauf prescriptions contraires du devis particulier de l'entreprise, toute la chaux employée dans les travaux sera hydraulique et de la meilleure qualité.

Cette qualité sera constatée par des essais toutes les fois que l'ingénieur le jugera convenable.

A cet effet, l'ingénieur ou les agents sous ses ordres choisiront quelques échantillons représentant les caractères physiques moyens. Ces échantillons seront réduits en pâte ferme et placés dans des vases qu'on remplira d'eau. Si, après dix jours d'immersion, la chaux ne résiste pas, sans empreinte, à la pression d'une aiguille ayant une section carrée d'un millimètre et supportant un poids de trois cents grammes, l'approvisionnement auquel s'appliquera l'expérience sera refusé et extrait immédiatement des magasins.

La chaux sera fournie vive ou éteinte en poudre suivant les prescriptions du devis particulier.

Dans le premier cas, la chaux sera apportée bien vive sur le chantier, et parfaitement purgée d'incuits et de biscuits. Elle sera conservée à l'abri de toute humidité, sur une aire en planches, dans un lieu couvert et parfaitement fermé, jusqu'au moment de l'emploi. Elle ne pourra être amenée à pied d'œuvre que dans des caisses bien fermées, dans des voitures suffisamment couvertes ou dans des bateaux pontés, qui la mettent à l'abri des intempéries.

Lorsqu'on emploiera de la chaux en poudre prise aux fours, cette chaux devra avoir été préparée avec le plus grand soin; elle sera bien éteinte, bien homogène et parfaitement tamisée. Elle sera fournie en sacs plombés, portant la marque de fabrique, d'une contenance et d'un poids invariablement déterminés. Elle devra être conservée dans un magasin bien fermé et bien sec, garni d'un plancher porté sur des gîtes.

L'ingénieur fera vérifier, aussi souvent qu'il le jugera convenable, le poids et la contenance des sacs. La contenance ne sera jamais mesurée qu'après tassement complet de la matière. Tous les frais relatifs à cette vérification seront à la charge de l'entrepreneur. La chaux avariée au moment de son emploi sera, dans tous les cas, rigoureusement refusée et restera pour compte à l'entrepreneur.

Toute livraison de chaux présentée sur le chantier sera, si l'ingénieur l'exige, accompagnée de la lettre de voiture pour en constater exactement la provenance.

Ciment de Vassy. 10. — Le ciment de Vassy proviendra de la fabrique de Vassy-lès-Avallon, marque Gariel. Il sera bien pulvérisé, non éventé, livré en barils, et devra faire prise dans l'eau avant 15 minutes, de manière à supporter sans dépression l'aiguille Vicat d'un millimètre carré de section, chargée d'un poids de trois cents grammes. On refusera le ciment qui prendrait plus lentement. Chaque livraison devra être accompagnée de la lettre de voiture pour en constater exactement la provenance.

Ciment de Portland. 11. — Le ciment de Portland proviendra d'Angleterre ou de Boulogne-sur-Mer. Il remplira les mêmes conditions que le ciment de Vassy. Seulement il ne devra pas faire prise dans l'eau en moins de deux heures. On refusera celui qui prendrait plus vite. La marque du ciment devra être agréée par l'ingénieur.

Ciment de tuileau. 12. — Le ciment de tuileau sera fait avec des briques ou tuiles cuites à point. On rejettera toutes celles qui auraient subi un commencement de vitrification, aussi bien que celles qui ne seraient pas cuites, ou seraient trop terreuses.

Pour obtenir le ciment moyen, les briques ou tuiles seront pulvérisées et passées au tamis contenant vingt-cinq trous ou mailles par centimètre carré.

Pour obtenir le ciment fin, on emploiera un second tamis ayant quatre-vingt-un trous par centimètre carré.

Ciments fournis en régie. 13. — L'Administration se réserve expressément le droit de fournir en régie les ciments de Vassy, de Portland, de tuileau ou de toute autre nature.

Dans ce cas, l'entrepreneur sera tenu d'en effectuer le transport, le chargement et le déchargement, du point où il lui sera livré jusqu'au lieu d'emploi, au prix de la série.

Tous les ciments fournis par l'entrepreneur ou en régie, une fois rendus sur le chantier, devront être conservés dans des magasins bien secs et bien clos, établis aux frais de l'entrepreneur.

Sable. 14. — Le sable pour la fabrication des mortiers et pour les pavages sera pur, exempt de toutes matières étrangères, terreuses ou autres. Il devra être rude au toucher, criant à la main et ne s'y attachant pas. Il sera passé à la claie, et lavé si cela est nécessaire.

Le sable moyen à employer dans les pavages, mortiers pour bétons et maçonneries ordinaires, ne renfermera pas de gravier de plus de huit millimètres de diamètre.

Le sable fin à employer pour les maçonneries de parement et les rejointoiements devra avoir été passé dans un tamis présentant quatre-vingt-un trous par centimètre carré.

Gravier pour béton et pour empierrement. 15. — Le gravier destiné à la confection du béton ou des empierrements des routes et chemins devra être purgé complétement de terre, de sable et de tous autres corps étrangers, par le passage à la claie et le lavage s'il y a lieu.

Ce gravier ne renfermera pas de cailloux d'un diamètre inférieur à deux centimètres, et les gros cailloux seront soit enlevés, soit cassés, de manière à passer en tous sens dans un anneau de 0m,05 de diamètre.

Pierre cassée pour béton et pour empierrement. 16. — La pierre cassée pour béton et pour empierrement sera cassée de manière à passer dans tous les sens dans un anneau de 0m,06 de diamètre.

Elle sera purgée complétement de toute matière étrangère, terreuse ou autre, ainsi que de tous débris du cassage inférieurs en volume à un cube de 0m,02 de côté, soit au moyen du râteau, soit au moyen du passage à la claie.

Elle proviendra toujours des bancs les plus durs et les meilleurs des carrières indiquées.

Le cassage sera toujours fait hors des lieux d'emploi.

Toute pierre friable, qui donnerait une matière pulvérulente sous le choc du marteau ou dont les détritus gâchés avec de l'eau donneraient une pâte grasse, sera rigoureusement refusée.

Pierre de taille. 17. — Les pierres de taille seront extraites des bancs les plus homogènes, les plus durs et les meilleurs des carrières indiquées. Toutes celles provenant des bancs de découvert seront rigoureusement rebutées.

Tous les blocs seront francs, non gélifs, parfaitement pleins, d'un grain égal et bien serré, sans poils ou délits susceptibles de s'ouvrir, sans moies, tendrières, ni autres défauts quelconques, et ayant toutes les qualités requises pour donner, après la taille, un parement très-régulier.

Ils seront entièrement purgés de crasses de carrière, de terres et autres matières étrangères, et seront ébousinés au vif.

Sous le choc du marteau, ils devront rendre un son plein et sonore. On rejettera ceux qui rendraient un son sourd ou s'écraseraient en grains sablonneux, au lieu de se briser en éclats à arêtes vives.

Les pierres ne seront employées qu'après avoir perdu toute leur eau de carrière, et, autant que possible, après avoir été exposées à l'air pendant un hiver entier.

Sur les chantiers, les pierres seront placées en délit, pour être exposées aux gelées avant d'être taillées. Dans les constructions, aucune pierre ne pourra être posée en délit.

Par dérogation aux règles qui précèdent, il pourra, dans certains cas exceptionnels, être fait usage de pierres gélives, mais seulement avec l'autorisation expresse et écrite de l'ingénieur, qui spécifiera les conditions de provenance et d'emploi.

Ces pierres devront d'ailleurs remplir les conditions d'homogénéité et autres prescrites dans le présent article.

Taille de la pierre. 18. — Les blocs pour la pierre de taille seront choisis avec les plus grands soins.

Leurs trois dimensions seront, après la taille, exactement conformes aux dessins et aux ordres de service qui seront remis à l'entrepreneur en cours d'exécution.

La pierre de taille sera taillée suivant les divers appareils qui seront prescrits pour chaque partie d'ouvrage, et en se conformant d'ailleurs très-exactement aux courbures, biais, coupes, profils, moulures, refouillements, chanfreins, refends, bossages, etc., qui seront indiqués sur les dessins remis en cours d'exécution.

Avant la coupe des panneaux d'un appareil quelconque, l'épure en grand de cet appareil devra être soumise à l'ingénieur pour être vérifiée et approuvée par lui.

Les lits et joints seront de franc appareil, bien aplanis, bien dressés à la pointe et rigoureusement retournés d'équerre, ou suivant les coupes prescrites ; les lits seront toujours parfaitement pleins, sans flaches ni démaigrissement sur toute l'étendue de leur longueur et de leur queue. Les joints le seront également sur toute leur étendue, dans les voussoirs, couronnements, corniches, parapets, tablettes, buscs, plates-bandes, etc., et généralement dans tous les blocs autres que ceux des assises courantes. Pour ces derniers, la longueur des retours pleins des joints montants pourra être réduite à $0^m,25$.

Les parements vus de la pierre de taille seront proprement taillés à la fine pointe et à la boucharde fine, ou layés en cas de besoin. Ils seront sans écornures, épaufrures ni flaches, et entourés d'une ciselure d'une largeur uniforme de deux ou trois centimètres, suivant les prescriptions de l'ingénieur.

Moellons de toute nature.

19. — Les moellons proviendront des meilleurs bancs des carrières indiquées ; ils seront durs, non friables, bien gisants, nettoyés et ébousinés au vif, purgés de toute matière étrangère et non gélifs. Cette dernière qualité sera de rigueur pour les moellons employés en parement, qui devront, en outre, être parfaitement homogènes.

L'extraction de tous les moellons sera faite, autant que possible, avant l'hiver.

Les moellons seront divisés en quatre classes :

1° Les moellons ordinaires, pour maçonnerie de remplissage, parements bruts, parements épincés, voussoirs intérieurs, maçonnerie ordinaire à pierres sèches, perrés, enrochements et empierrements ;

2° Les moellons smillés, de vingt-cinq à trente-cinq centimètres de queue pour parement ;

3° Les moellons piqués de trente à quarante centimètres de queue pour parement ;

4° Les moellons ciselés, piqués et échantillonnés dits d'appareils, de cinquante centimètres de queue au moins, pour voussoirs de tête, angles d'ouvrages d'art, etc.

L'épaisseur des moellons smillés, les dimensions en parement des moellons piqués et les trois dimensions des moellons d'appareil, seront conformes aux dessins et aux ordres de service qui seront remis à l'entrepreneur en cours d'exécution.

Par dérogation aux règles qui précèdent, il pourra exceptionnellement être fait usage de moellons gélifs, mais seulement avec l'autorisation expresse et écrite de l'ingénieur, qui spécifiera les conditions de provenance et d'emploi. Ces moellons devront, d'ailleurs, remplir les autres conditions prescrites par le présent devis.

Moellons pour l'intérieur des maçonneries.

20. — Tous les moellons employés dans l'intérieur des maçonneries à pierres sèches et à mortier seront plats et bien gisants. Leur préparation n'aura lieu qu'au moment de l'emploi et à la demande de la place qu'ils devront occuper ; elle consistera à faire disparaître à la tête ou à la pointe du marteau de maçon, les aspérités qui s'opposeraient à une bonne assiette, et les irrégularités qui empêcheraient une bonne liaison ; le tout de manière que les moellons soient bien assis, s'emboîtent convenablement et laissent entre eux le moins de vide possible.

Pour les voûtes, on réservera les moellons les plus beaux, les plus plats et les plus réguliers. Ils auront au moins dix centimètres d'épaisseur et trente centimètres de longueur et de largeur. Ils seront en forme de claveaux smillés à la hachette ou à la pointe, sur toute l'étendue de leurs lits, de manière à ne pas présenter sur ces lits de flaches de plus de 0^m,025 de profondeur, mesurée entre la saillie des bosses et le creux des flaches.

Moellons ordinaires épincés pour parements.

21. — Les moellons ordinaires destinés à former parement intérieur, seront choisis parmi les plus gros et les mieux gisants. Ils seront grossièrement équarris au marteau, sans augmentation de prix pour main-d'œuvre, de manière à permettre un dressement exact des maçonneries.

Les moellons ordinaires employés en parement vu seront pris parmi les plus beaux et les plus durs et aussi parmi les plus plats et les plus réguliers des moellons de remplissage.

Ils seront grossièrement épincés, soit avec la hachette, soit avec la tête ou la pointe du marteau sur les lits et joints, pour leur donner plus d'assiette, et sur la tête pour dresser le parement et le soumettre à l'alignement du cordeau. Ils auront 0^m,10 de hauteur, 0^m,20 de largeur et 0^m,20 de queue moyenne, et afin de mieux assurer la liaison du parement avec le reste de la maçonnerie, on placera, par mètre superficiel, au moins deux moellons ayant 0^m,40 de queue.

L'épinçage des moellons devra être fait de façon que la largeur d'aucun joint ne soit de plus de trois centimètres à cinq centimètres en dedans du parement.

Moellons smillés.

22. — Les moellons smillés seront dressés sur leurs têtes et relevés d'équerre, de manière à présenter une assiette et des joints réguliers sur au moins dix centimètres de longueur. Les parements seront dressés avec soin, de manière que les arêtes soient dans un même plan; mais la surface sera, suivant la nature des matériaux et les prescriptions de l'ingénieur, ou bien plane et taillée à la hache ou à la pointe, ou bien arrondie avec un bombement en saillie d'environ 0^m,02 sur le plan des arêtes, qui seront elles-mêmes un peu arrondies.

Ces arêtes seront suffisamment vives pour que la largeur des joints horizontaux et verticaux ne dépasse nulle part, après la pose, 0^m,015 dans le plan du parement, et 0^m,025 à 0^m,10 en dedans dudit parement.

Ces moellons auront toujours au moins 0^m,12 de hauteur, 0^m,25 à 0^m,35 de queue pour les carreaux et les boutisses, et 0^m,45 de queue pour les lancis.

La plus petite longueur de face des moellons smillés sera double de leur hauteur, sauf quelques raccordements le long des chaînes en pierre de taille, où l'appareil exigerait des clausoirs plus petits.

Les moellons smillés employés au parement des voûtes seront taillés suivant la forme des voussoirs, sur au moins 0^m,15 de longueur, sans aucune augmentation de prix. On choisira pour ce travail les pierres les plus longues.

Moellons piqués.

23. — Les moellons piqués seront très-proprement taillés à la fine pointe sur leurs parements; leurs faces vues seront très-régulièrement planes; leurs arêtes seront vives et sans écornures; les joints horizontaux et verticaux seront retournés d'équerre, de manière que la largeur de ces joints ne dépasse pas, après la pose, 0^m,01 dans le plan du parement, et 0^m,02 à 0^m,15 en dedans dudit parement.

Ces moellons auront au moins 0^m,15 de hauteur, 0^m,30 à 0^m,40 de queue pour les carreaux et les boutisses, et 0^m,50 de queue pour les lancis.

La plus petite longueur de face des moellons piqués sera double de leur hauteur, sauf quelques raccordements le long des chaînes en pierres de taille, où l'appareil exigerait des clausoirs plus petits.

Les moellons piqués employés au parement des voûtes seront taillés suivant la forme des voussoirs, sur toute leur longueur de queue, sans aucune augmentation de prix. On choisira pour ce travail les pierres les plus longues.

Moellons d'appareil.

24. — Les moellons piqués, ciselés et échantillonnés dits d'appareil, seront, à proprement parler, de la pierre de taille de petit appareil.

Ils seront choisis avec le même soin, employés aux mêmes usages, taillés avec le même fini, et devront satisfaire aux mêmes conditions que la pierre de taille.

Leur parement sera taillé à la fine pointe et entouré d'une ciselure régulière, les lits et joints seront exactement dressés, sans aucun démaigrissement sur toute leur longueur. La hauteur d'assise de ces moellons ne dépassera pas $0^m,30$ tandis que celle de la pierre de taille, au contraire, ne pourra jamais être inférieure à ce même chiffre de $0^m,30$. Toute pierre qui, après la taille, serait d'un plus faible échantillon, sera considérée comme moellon.

Provenance des pierres et moellons.

25. — Comme il a été dit pour la chaux et les ciments, toute livraison de pierre de taille et même de moellons devra, si l'ingénieur l'exige, être accompagnée d'une lettre de voiture, signée du carrier, et propre à en justifier la provenance.

Recouvrement d'aqueducs.

26. — Les couvertes des aqueducs de $0^m,40$ d'ouverture et au-dessus seront taillées à la hachette sur les joints et sur la face inférieure, de manière à les rendre à peu près plans, à donner à la dalle une bonne assiette sur les rives, et à réduire les joints à une largeur *maxima* de $0^m,015$.

Ces couvertes auront les dimensions prescrites par les dessins et ordres de service; elles seront payées au mètre cube de maçonnerie, y compris la taille grossière des faces vues, des lits et des joints, aux prix portés au bordereau pour la maçonnerie de moellons d'appareil.

Les couvertes des aqueducs de moins de $0^m,40$ d'ouverture seront en moellons bien résistants, grossièrement taillées, comme les précédentes, suivant les dimensions prescrites, et elles seront payées au mètre cube de maçonnerie, au prix de la maçonnerie de moellons piqués.

Pavés d'échantillons.

27. — Les moellons pour pavés seront choisis parmi les plus durs, non gélifs, ni susceptibles de se déliter ou de s'altérer à l'air. Ils ne seront employés, autant que possible, qu'après avoir été exposés à l'air pendant un hiver entier.

Ils seront smillés avec soin au marteau, suivant l'échantillon qui sera prescrit. La tête sera bien rectangulaire, plane, à vives arêtes et sans écornures. Les joints seront retournés d'équerre entre eux et sur leurs faces; la face inférieure sera plane et parallèle à la face de tête.

Il ne sera toléré qu'un dixième de démaigrissement à la queue.

Cette forme devra être donnée par un épinçage fait avec beaucoup de soin avant et non pendant le pavage.

Les pavés ne devront contenir aucun fil ni aucune partie tendre.

Pavés de blocage.

28. — Les pavés de blocage seront extraits des bancs non gélifs et les plus durs des carrières indiquées.

Ils auront au moins $0^m,10$ à $0^m,12$ de largeur et de longueur, sur $0^m,14$ à $0^m,16$ de hauteur.

Ils ne devront également contenir aucun fil ni aucune partie tendre.

Bordures de trottoirs.

29. — Les bordures des trottoirs seront choisies parmi les bancs les plus durs des carrières indiquées. Elles seront conformes à l'échantillon qui sera prescrit.

Enrochements.

30. — Les moellons pour enrochements seront durs et non friables. Ils devront être non gélifs, à moins d'autorisation expresse et écrite de l'ingénieur, spécifiant les conditions de provenance et d'emploi.

Ils seront divisés en deux classes, savoir :

1° Les enrochements ordinaires qui devront peser au moins quarante kilogrammes ;

2° Les libages qui auront un poids minimum de cent kilogrammes.

Briques, tuiles et carreaux.

31. — Les briques, tuiles et carreaux seront fabriqués en terre soigneusement corroyée ; leur grain sera fin, homogène, sans parties siliceuses ou calcaires.

Ils seront durs, sonores, bien cuits sans être vitrifiés, entiers, sans fêlures et non friables. Leurs faces seront pleines, rectangulaires, et sans gauchissement ni gerçures. Les arêtes seront vives et sans bavures.

Les briques, tuiles et carreaux seront conformes aux échantillons prescrits.

Mastic minéral.

32. — On n'emploiera à la composition du mastic minéral que de l'asphalte naturel et du goudron minéral de la meilleure qualité.

L'asphalte naturel proviendra des mines de Seyssel ou du Val-de-Travers, et le goudron minéral de Seyssel, de Bastennes ou de Lobsann.

La roche asphaltique devra contenir au moins dix pour cent de bitume.

Le goudron minéral sera naturel et de première qualité.

Le mastic bitumineux contiendra 20 kilogrammes de goudron pour 80 kilogrammes de calcaire asphaltique ; il sera employé pur ou mélangé avec du sable et du menu gravier dans les proportions qui seront prescrites.

Le gravier qui sera employé dans le mélange ne pourra avoir un diamètre de plus de six millimètres, ni de moins de deux millimètres.

Le sable employé à saupoudrer les enduits ne pourra avoir plus de deux millimètres de diamètre.

§ 3. — BOIS ET MÉTAUX.

Qualités communes à tous les bois.

33. — Les bois de toute essence et de toutes dimensions à employer dans les maisons, ponts, portes d'écluse, vannages et autres constructions ou ouvrages d'art, seront neufs, bien secs, et de la meilleure qualité, chacun dans son espèce.

Ils devront avoir été abattus en bonne saison, en pleine maturité, avant d'être sur le retour, et depuis deux ans au moins.

Leurs fibres devront être dures et leurs couches annuelles concentriques très-serrées.

Ils seront de droit fil, parfaitement sains, sans aucune gelivure, gerçure, piqûre, roulure, fente, nœud vicieux, et autre défaut quelconque nuisible à la bonne exécution, à la solidité et à la durée des ouvrages.

Sauf ordre contraire, ils seront complètement exempts d'aubier et de toute partie tendre.

Tout bois de branche sera rigoureusement rebuté.

Lorsqu'il sera nécessaire d'employer des bois courbes, les fils devront avoir exactement la courbure des pièces auxquelles ils appartiendront. Aucune contranchure ne sera tolérée.

Les bois seront approvisionnés, autant que possible, sous des hangars, et, dans tous les cas, empilés sur cales, de manière que leurs surfaces ne touchent pas la terre et ne se touchent pas entre elles.

Classement
des bois de charpente.

34. — Quelle que soit l'essence des bois, on distinguera :

1° Les bois en grume ;
2° Les bois demi-équarris ;
3° Les bois équarris avec flaches ;
4° Les bois équarris à vives arêtes.

Les bois en grume seront entièrement dépouillés de leur écorce : tous les nœuds et aspérités quelconques seront enlevés à la hache.

Les bois demi-équarris auront leurs faces convenablement dressées à la hache ou à la scie.

Des flaches sont tolérées sur leurs arêtes, mais ces flaches ne devront en aucun point réduire la section transversale de plus d'un sixième de sa valeur normale.

Les bois équarris avec flaches auront toutes leurs faces bien aplanies et bien dressées à la scie : des flaches seront tolérées sur les arêtes, mais la largeur du pan coupé qu'elles formeront ne pourra pas excéder le quart de la plus petite dimension de l'équarrissage.

Les bois équarris à vives arêtes ne devront présenter aucune flache, leurs faces seront bien dressées à la scie et blanchies à la varlope ou au rabot : les arêtes de certaines faces devront, si l'ingénieur le prescrit, être abattues suivant un pan coupé ou chanfrein continu, de manière à présenter une facette uniforme et régulière de deux à cinq centimètres de largeur.

Dans les charpentes formées avec les différents bois ci-dessus, on distinguera :

1° Celles sans assemblages ;
2° Celles avec assemblages.

Toutes les pièces courantes assemblées bout à bout, à traits de Jupiter, et toutes les pièces assemblées à mi-bois ou avec entailles simples, seront considérées comme charpente sans assemblages.

Taille et assemblage
des bois de charpente.

35. — Les formes, les dimensions et le mode d'assemblage de toutes les pièces de charpente seront exactement conformes aux dessins et ordres de service remis en cours d'exécution.

Toutes ces pièces seront délignées, tracées, coupées, taillées, assemblées, ajustées et montées avec la plus rigoureuse précision sur une épure de grandeur naturelle, établie sur une aire bien plane, tracée d'après les dessins et ordres de service ci-dessus, puis soumise à la vérification de l'ingénieur.

Tous les assemblages seront corrects et parfaitement ajustés ; le vide de chaque mortaise, embrèvement, feuillure, entaille, etc., offrira exactement, en creux, la même forme et les mêmes dimensions que le tenon, l'about, ou la pièce quelconque destinée à s'y loger, et qui devra, d'ailleurs, n'y pénétrer que de force. On ne tolérera aucune fausse coupe, aucun jeu, ni aucun coin, aucune cale, ou autre moyen quelconque de garniture et de remplissage.

A moins d'ordre contraire, les mortaises n'occuperont que le tiers de l'épaisseur du bois dans lequel elles seront pratiquées.

Les trous et les entailles nécessaires à la pose et à l'encastrement des ferrures, seront également faits avec la plus rigoureuse précision; en général, les ferrures seront encastrées de manière à affleurer exactement la face des bois.

Les trous des boulons seront exactement du calibre de ces boulons.

Les madriers et bordages seront parfaitement dressés à la scie sur toutes leurs faces, et s'il y a lieu, blanchis à la varlope ou au rabot; ils seront très-exactement tirés de largeur et d'épaisseur, et chacune de leurs arêtes sera vive et droite sur tout son cours.

Toutes les pièces qui, au moment de l'emploi, montreraient, sous le rapport de la préparation et de la qualité des bois, des vices qui n'auraient pas d'abord été aperçus au chantier, seront, soit avant, soit après le montage, retirées et laissées au compte de l'entrepreneur.

Avant l'assemblage des charpentes ou la pose des ferrures, toutes les faces à cacher, soit par les assemblages, soit par les fers, seront goudronnées ou peintes à l'huile bouillante convenablement lithargée. Il ne sera rien payé pour ce travail qui est compris dans les prix de la charpente.

Bois pour charpentes temporaires.

36. — Les bois pour charpentes temporaires et ouvrages accessoires, tels que cintres, ponts de service, ponts provisoires, bâtardeaux, étais, etc., seront neufs ou vieux, mais sains et de dimensions et de l'essence prescrites.

Ils seront demi-équarris, ou équarris avec flaches selon les prescriptions du devis particulier ou les ordres de service de l'ingénieur.

On apportera d'ailleurs dans leur taille, assemblage et ajustement, toute la précision prescrite dans l'article 35.

Bois pour menuiserie.

37. — Tous les bois destinés aux ouvrages de menuiserie auront, au moins, trois ans de coupe et deux ans de sciage; ils devront, d'ailleurs, satisfaire à toutes les conditions imposées pour les bois de charpente.

Ils devront être travaillés très-proprement. Toutes les arêtes seront parfaitement nettes et pures, les moulures profilées d'une manière très-correcte, et les surfaces finies avec le plus grand soin au râcloir, papier de verre, etc.

Tous les tenons, mortaises, enfourchements, rainures, languettes, noix, gueules-de-loup, onglets, etc., seront assemblés et ajustés avec la plus grande perfection, sans le moindre jeu, et suivant les règles de l'art.

Les languettes, revers d'eau et autres saillies quelconques, seront élégies et non rapportées.

Qualités communes à tous les fers.

38. — Tous les fers seront corroyés, doux, non cassants, malléables à chaud et à froid; leur cassure présentera une texture à nerfs ou un grain fin et homogène.

Ils seront parfaitement laminés, sans pailles, criques, dessoudures ou autres défauts quelconques; leurs surfaces seront nettes et sans trace d'incrustation d'oxyde ou de scories.

Tous ces fers devront pouvoir supporter à la traction, sans se rompre, une charge de 30 kilogrammes par millimètre carré de section dans le sens du laminage et dans le sens perpendiculaire. Ils devront, en outre, résister à un effort de 12 kilogrammes par millimètre carré de section sans allongement permanent. La charge de rupture sera portée à 70 kilogrammes pour les fers tréfilés.

L'Administration aura le droit de faire toutes les épreuves qu'elle jugera convenable pour reconnaître si les fers de toute nature satisfont aux conditions prescrites. Ces épreuves seront faites aux frais de l'entrepreneur, qui devra fournir les appareils nécessaires et les pièces spécialement préparées pour les essais, le tout à ses frais, et conformément aux instructions qui lui seront données.

Tôles.

39. — Les tôles devront être d'une qualité au moins égale aux tôles employées dans la fabrication des chaudières de machines à vapeur. Celles dont la qualité serait inférieure seraient refusées.

Elles seront parfaitement laminées et très-bien soudées, sans pailles, stries, gerçures ou manque de matières. Elles devront présenter une coupe grasse et une cassure à nerfs. Les tôles aigres à nerfs feuilletés qui se fendraient ou s'ouvriraient sous le poinçon, ou qui se déchireraient quand on voudra les courber, infléchir ou cisailler, seront également refusées.

Les feuilles de tôle devront avoir l'épaisseur fixée; les limites de tolérance pour l'épaisseur seront de 5 p. 100 en plus ou en moins.

Fers spéciaux.

40. — Les fers carrés, plats ou ronds, les fers à T, les cornières ou fers de toute autre forme, seront d'une excellente qualité, susceptibles de se plier à froid comme à chaud, suivant les formes exigées par la construction, d'être facilement travaillés à la forge, au poinçon ou à la machine à percer, le tout sans gerçures ni altération.

Ils seront laminés, parfaitement droits et réguliers, et seront, au besoin, dressés sur des tas en fonte ayant en creux la forme à donner aux fers.

Garde-corps.

41. — Les fers pour garde-corps et mains-courantes seront de bonne qualité, non cassants à froid. Ces fers seront parfaitement dressés après le laminage.

Les divers assemblages seront faits avec le plus grand soin et aussi solidement que possible.

Les garde-corps, une fois posés, devront être très-rigides.

Rivets.

42. — Les rivets seront en fer de même qualité que le fer employé pour les rivets des chaudières; le fer en sera ductile et tenace, et présentera comme nerf, finesse et propreté, tous les caractères du fer le plus résistant.

Les rivets doivent être obtenus en un seul coup de la machine à étamper, sans que le fer ait été surchauffé ou brûlé.

Les formes et les dimensions des rivets seront exactement conformes aux dessins qui seront remis à l'entrepreneur.

Les têtes seront bien centrées et d'équerre à la tige; celle-ci sera droite et d'un diamètre uniforme, avec une tolérance d'un millimètre en plus sous la tête.

En conséquence, les matrices et étampes servant à la fabrication et à la pose des rivets seront renouvelées aussi souvent qu'il sera nécessaire.

Les fers pour rivets seront capables de supporter des épreuves de deux espèces:

1° Pour s'assurer de leur résistance transversale, on prendra des bouts de 20 centimètres de longueur, et on les enfoncera jusqu'à moitié de leur longueur dans des blocs de bois de chêne préalablement percés pour les recevoir:

On les frappera latéralement sur la partie supérieure, de manière à les infléchir d'un angle de 45°. Les fers, redressés ensuite à froid, ne devront présenter ni cassures, ni criques, ni aucune détérioration.

2° Pour constater la résistance à la rivure, on rivera à chaud, et le fer devra s'étaler bien uniformément, sans se fendiller et sans qu'aucune parcelle s'en détache. La rivure faite, les têtes ne devront pas se détacher, quels que soient les chocs auxquels on soumettra les tôles autour des rivets.

Boulons. 43. — Les boulons seront en fer de première qualité, non cassant à froid. Les écrous pourront être en fer laminé; dans ce cas, ils seront fabriqués par enroulement et soudure. Si l'on veut les enlever dans la masse, ils seront en fer supérieur. On n'admettra pas les écrous qui seraient faits à froid à l'emporte-pièce dans des plates-bandes laminées.

Les fers pour boulons devront pouvoir supporter deux séries d'épreuves :

1° On éprouvera la résistance transversale des fers, comme il a été dit plus haut pour le fer des rivets ;

2° Dans la seconde épreuve, qui sera faite sur des boulons fabriqués, on courbera le boulon à froid sur une enclume jusqu'à rupture, pour s'assurer que le fer n'est pas cassant et qu'il présente une contexture convenable.

Fontes. 44. — La fonte devra être de la meilleure qualité. Elle présentera, dans sa cassure, un grain gris, serré et régulier, et avec arrachements. Elle sera exempte de gerçures, gravelures, soufflures, gouttes froides, et autres défauts susceptibles d'altérer sa résistance et la netteté des formes des pièces.

Elle devra être à la fois douce et tenace, facile à entamer au burin, au foret et à la lime, susceptible d'être refoulée au marteau; elle devra prendre peu de retrait au moulage, et, pour la résistance comme pour toutes les autres qualités, être égale aux meilleures fontes de moulage anglaises.

Elle ne devra pas rompre par écrasement sous une charge de 30 kilogrammes par millimètre carré de section, et devra pouvoir, sans altération, résister à une charge de 4 kilogrammes également par millimètre carré de section.

A la flexion, la fonte devra résister à un effort de 25 kilogrammes par millimètre carré : c'est-à-dire que des barreaux carrés de 25 millimètres de côté, reposant sur des appuis distants de 50 centimètres et chargés en leur milieu, ne devront pas rompre sous une charge de 500 kilogrammes.

Elle devra enfin recevoir, sans rupture, sur un barreau rectangulaire de $0^m,04$ de côté, posé sur des appuis écartés de $0^m,16$, le choc d'un poids de 12 kilogrammes tombant de $0^m,50$ de hauteur.

L'Administration aura le droit de faire par pression, ou par traction directe, ou par flexion, avec poids mort ou par choc, toutes les épreuves qu'elle jugera convenables sur des barreaux ou pièces fondues à chaque coulée, de manière à apprécier à tous les points de vue la qualité des fontes.

Acier. 45. — Suivant les prescriptions du devis particulier ou des ordres de service, les aciers employés seront des aciers de cémentation ou des aciers fondus. Ils seront de première qualité, et trempés au degré prescrit.

Les barreaux d'acier devront être unis, bien corroyés et présenter un grain brillant, rond et bien visible. Par la percussion ils rendront un son argentin et prolongé.

Plomb.

46. — Le plomb à employer pour scellement sera bien épuré, non graveleux ni terreux et de bonne qualité marchande. Le plomb laminé sera de la meilleure qualité, bien épuré, uni et doux, sans cassures ni gerçures.

Cuivre, laiton, bronze.

47. — Le cuivre sera de première qualité, rouge, parfaitement pur, bien homogène, non cassant, non poreux, sans pailles ni gerçures, et sans mélange d'aucun autre métal.

Le laiton ou cuivre jaune se composera de deux parties de cuivre rouge et d'une partie d'étain avec addition de un ou de deux centièmes de plomb.

Le bronze sera composé de onze parties d'étain fin et de cent de cuivre.

Toutefois, les proportions ci-dessus pourront être modifiées par les devis particuliers ou par les ordres de service en cours d'exécution.

S'il y a lieu de faire d'autres alliages de cuivre, les proportions en seront indiquées.

Fer-blanc.

48. — Le fer-blanc sera parfaitement étamé, brillant, sans taches ni ondes défectueuses, d'une épaisseur uniforme, sans pailles, gerçures, cendrures, travers ni autres défauts.

On emploiera, selon ce qui sera prescrit, des feuilles double-croix ou simple-croix de grand ou de petit modèle.

§ 4. — MATÉRIAUX POUR OUVRAGES ACCESSOIRES.

Plâtre.

49. — Le plâtre sera gris ou blanc selon les usages auxquels il sera destiné.

L'un et l'autre seront de première qualité, purs et bien cuits, non éventés, passés au tamis, onctueux, et happant fortement à la langue.

Lattes pour plafonds.

50. — Les lattes seront en sapin et auront 27 millimètres de largeur et 9 millimètres d'épaisseur.

Elles seront de la meilleure qualité et parfaitement sèches.

Les pointes à lattes auront 3 centimètres de longueur.

Étoupe et mousse pour calfatage.

51. — L'étoupe sera préparée avec soin et dépouillée de tous corps étrangers; elle sera filée en cordons ou torons bien serrés.

La mousse sera de première qualité, bien sèche, bien moussue, non terreuse, et purgée de racines, parties dures et de toute matière étrangère.

Les fils de genièvre qu'il pourrait y avoir lieu d'appliquer sur la mousse seront longs, sains et bien flexibles.

Goudron et brai.

52. — On n'emploiera que du goudron végétal du Nord et de première qualité.

Le brai gras se composera de colophane, de goudron et de poix grasse en parties égales.

Par dérogation à la règle précédente, le goudron provenant de la distillation du gaz pourra être employé, mais seulement sur un ordre écrit de l'ingénieur, spécifiant le titre des huiles à employer, leur provenance, leur mode d'emploi et la proportion de brai à ajouter au goudron pour lui donner une consistance convenable.

Matières pour peinture. 53. — Toutes les matières nécessaires pour la confection des peintures, proviendront des meilleures fabriques et seront toujours de première qualité. Ces matières et leur mélange seront, selon les différents cas, prescrits par les ordres de service.

L'huile de lin sera épurée, très-claire, d'un blanc verdâtre, inodore et très-amère au goût.

L'huile d'œillette sera également bien épurée.

L'essence de térébenthine sera parfaitement blanche et limpide.

Les vernis seront à l'alcool, à l'essence ou au copal, selon ce qui sera prescrit; ils seront parfaitement clairs et transparents.

Le blanc de céruse sera bien pur, exempt de chaux et de barite; toutes les autres couleurs seront également pures, fines et bien solides.

Le siccatif à base de manganèse sera seul admis.

Pour les encollages, on ne se servira que de colle de peau de gants fondue.

Le mastic ordinairement employé sera celui de vitrier, indiqué à l'article 50; dans certains cas, on pourra exiger le mastic au blanc de zinc, mélangé de 10 p. 100 de blanc de Meudon.

Broyage des couleurs. 54. — Les couleurs seront toujours broyées avec le plus grand soin, à la molette ou à la machine.

Le pâté et le broyage se feront exclusivement à l'huile de lin pour les peintures à l'huile; à l'essence pour les peintures au vernis; à l'eau ou à la colle pour les peintures à la détrempe.

L'usage de l'eau est formellement interdit pour le broyage des couleurs à l'huile ou au vernis.

Celles-ci seront conservées, après le broyage, dans des pots vernissés, et recouvertes d'une couche d'eau.

Au moment de l'emploi, les couleurs à l'huile seront détrempées avec de l'huile de lin ou de l'huile d'œillette, suivant ce qui sera prescrit. Cette huile sera versée peu à peu, en remuant le liquide jusqu'à ce que la couleur soit délayée au point convenable; on y ajoutera, pour chaque kilogramme de couleur, les quantités de siccatif et d'essence qui seront fixées suivant que les peintures devront être faites à l'intérieur ou à l'extérieur, en première ou en deuxième couche, etc.

Pour les peintures au vernis, la détrempe se fera avec le vernis à l'essence.

Verres à vitres et mastic. 55. — Les verres à vitres seront parfaitement plans et unis, bien blancs et transparents, sans stries, taches, bulles ou bouillons, écornures ni autres défauts quelconques.

Ils auront les épaisseurs ci-après, savoir :

1° Le verre simple, un millimètre et demi;

2° Le verre demi-double, deux millimètres et quart;

3° Le verre double, trois millimètres.

Le mastic à employer pour leur pose se composera de blanc de Troyes ou de blanc de Meudon, de poudre de céruse et d'huile de lin. Ces matières seront broyées ensemble jusqu'à ce qu'elles forment une pâte homogène, grasse, onctueuse, liante et de bonne consistance.

3

§ 5. — RÉCEPTION DES MATÉRIAUX.

Réception des matériaux avant l'emploi.

56. — Tous les matériaux destinés aux ouvrages seront vérifiés et reçus avant l'emploi. Les matériaux à recevoir seront disposés conformément aux instructions de l'ingénieur.

Les pierres et cailloux cassés, le sable et la chaux qui seront refusés, devront être employés immédiatement dans les remblais.

Les autres matériaux rebutés resteront en vue sur les chantiers jusqu'à l'entier achèvement des travaux, afin qu'on soit sûr qu'ils ne seront pas employés. L'entrepreneur ne pourra enlever aucun de ces matériaux sans une autorisation de l'ingénieur.

Les petites pièces de fer ou de fonte rebutées devront être immédiatement enlevées des magasins et des chantiers.

Les pierres de taille, les moellons piqués et smillés, les bois ou les pièces de fer de grandes dimensions qui seront refusés seront marqués à la peinture à l'huile, en noir ou en rouge, d'une R, d'au moins $0^m,10$ de hauteur, tracée sur le parement.

Toutes les fois que les pierres de taille, les moellons piqués ou smillés, présenteront une partie cloaqueuse ou avariée, ou une pièce rapportée, cette partie sera d'abord enlevée sur l'ordre et en présence de l'ingénieur ou du chef de section, et la pierre sera marquée comme refusée.

On ne considérera comme matériaux approvisionnés, que ceux déposés sur les chantiers des travaux, et il ne sera accordé d'à-compte que sur la valeur des approvisionnements recevables.

Rebut des matériaux après l'emploi.

57. — Nonobstant les réceptions provisoires, ceux de ces matériaux qui, au moment de l'emploi et même après, jusqu'à la réception définitive des ouvrages, seront reconnus défectueux ou avariés, seront encore rebutés et remplacés aux frais de l'entrepreneur.

CHAPITRE II.

Emploi des matériaux et mode d'exécution des ouvrages.

§ Ier — TERRASSEMENTS, GAZONNEMENTS, PLANTATIONS, FASCINAGES.

Piquetage pour l'exécution des terrassements.

58. — Avant l'ouverture des travaux, le tracé du canal sera fait par les soins de l'ingénieur ou d'un agent sous ses ordres, au moyen de piquets plantés aux extrémités de chaque alignement droit et de chaque courbe, sur l'axe même ou sur une ligne parallèle à cet axe ; quelques autres piquets intermédiaires seront, en outre, placés où ils seront jugés nécessaires. Tous ces piquets devront porter chacun un numéro particulier, avoir 0^m,10 de diamètre à leur tête et être enfoncés dans le sol de 0^m,50 au moins.

L'ingénieur établira de plus, le long de la ligne, à une distance de 500 mètres au plus les uns des autres, des repères invariables de hauteur.

Un état de ces piquets et de ces repères, indiquant les cotes de hauteur de chacun de ces derniers, sera remis à l'entrepreneur par l'ingénieur.

L'entrepreneur devra vérifier le piquetage au moyen du tableau des alignements et des courbes compris dans le devis particulier de l'adjudication et des plans parcellaires qui lui seront communiqués, s'il le désire. Il devra vérifier de plus, par des nivellements, la cote de tous les repères de hauteur.

S'il reconnaît des erreurs dans la position des piquets et dans la hauteur des repères, il devra les signaler à l'ingénieur avant l'expiration du délai de quinze jours qui lui est accordé par l'article 153 à partir de la remise de l'état ci-dessus, pour la vérification du métré des terrassements.

Après l'expiration de ce délai et la rectification des erreurs qu'il aura pu signaler, l'entrepreneur sera responsable de l'exactitude du piquetage et des hauteurs des repères, et il devra subir toutes les conséquences des erreurs qu'ils pourraient présenter, sans pouvoir élever à cet égard aucune réclamation.

Achèvement du piquetage par l'entrepreneur.

59. — L'entrepreneur complétera lui-même le piquetage du canal en plaçant sur l'axe, et à des distances de 50 mètres au plus les uns des autres dans les alignements droits, et de 25 mètres au plus dans les courbes, d'autres piquets semblables à ceux qui ont été prescrits ci-dessus pour le tracé à faire par l'ingénieur.

Il plantera, de plus, au droit de chacun de ces piquets et sur la même normale au tracé, d'autres piquets semblables indiquant les crêtes et les lignes de pied des talus de déblais et de remblais, ainsi que les arêtes saillantes et rentrantes des fossés et banquettes qu'il pourra être prescrit d'établir.

Il placera en outre, savoir :

1° Sur l'axe du canal, des balises arasées à la hauteur du dessus des remblais et des piquets enfoncés jusqu'au niveau du fond des déblais ou à une hauteur au-dessus de ce niveau, dont ils porteront l'indication ;

2° Normalement à cet axe, des profils en lattes bien droites indiquant les surfaces et les arêtes des talus, banquettes et fossés.

L'entrepreneur sera naturellement seul responsable des erreurs que pourrait présenter ce complément de piquetage, et des résultats de ces erreurs.

Toutes les dispositions ci-dessus s'appliqueront également au tracé des dérivations, des emprunts, élargissements de lits de rivières, rigoles d'alimentation, etc., et, en général, des mouvements de terres prévus ou non au devis particulier.

Frais de piquetage.

60. — L'entrepreneur fournira à ses frais les ouvriers et les piquets, profils, balises, et tous autres objets nécessaires pour les opérations prescrites par les deux articles précédents.

Conservation des piquets et des repères.

61. — L'entrepreneur sera tenu de veiller à la conservation des piquets et des repères, et devra remplacer à ses frais ceux qui seront brisés ou dérangés par une cause quelconque.

Commencement des travaux.

62. — Les terrains à occuper seront livrés à l'entrepreneur à mesure de leur acquisition par l'État.

Après l'expiration du délai de quinze jours fixé par l'article 153, pour la vérification du métré des terrassements, les ateliers de terrassements devront être organisés immédiatement dans toutes les parties où l'on pourra disposer des terrains sur une longueur non interrompue de 500 mètres.

Il est d'ailleurs bien entendu que l'entrepreneur ne pourra réclamer aucune ndemnité pour les retards ou la gêne que les difficultés relatives à l'acqu isition des terrains pourraient apporter dans l'exécution des travaux. Seulement, le temps ipendant lequel il pourra être arrêté, s'il l'a fait constater officiellement par l'ingénieur, ne lui sera pas compté dans les délais d'exécution.

Exécution et emploi des déblais.

63. — Les terrassements seront exécutés conformément aux indications du tableau du mouvement des terres joint aux devis particuliers, ou aux ordres de service qui pourront être donnés par l'ingénieur en cours d'exécution.

Les fouilles seront conduites de manière que les eaux ne puissent séjourner dans aucune de leurs parties, à un niveau supérieur à celui des plus basses eaux possibles au moment de l'exécution. L'entrepreneur exécutera d'ailleurs à ses frais les fossés, rigoles, saignées, etc., nécessaires au prompt écoulement des eaux.

Les mêmes précautions seront prises pour que les eaux ne puissent causer aucun éboulement ni aucune avarie quelconque dans les remblais.

L'entrepreneur s'assujettira, dans l'exécution des déblais, aux directions, niveaux, pentes et talus qui lui seront prescrits, de manière à n'avoir en aucun cas à rapporter de remblais sur des emplacements déjà déblayés. En conséquence, il devra disposer les rampes nécessaires pour monter les déblais des fouilles, de manière qu'il n'y ait jamais à remblayer pour former les talus dans les emplacements qu'elles occupaient.

Les parties des déblais qui seront jugées les plus convenables pour être employées en corrois, pour être placées derrière les ouvrages d'art, ou pour former la cuvette des dérivations, les talus ou toute autre partie des remblais exigeant des soins particuliers, ne seront déblayées et transportées qu'au moment utile, sans que l'entrepreneur puisse élever aucune réclamation ni prétendre à aucune indemnité à ce sujet.

Déblais dans les tranchées humides ou argileuses.

64. — Dans les tranchées humides ou argileuses qui exigeront des travaux de drainage ou d'assainissement pour la consolidation des talus, l'entrepreneur sera tenu de conduire le travail de manière à ne pas gêner les travaux d'assainissement. A cet effet, la tranchée devra être ouverte immédiatement sur toute sa largeur, en commençant, au besoin, les déblais par le haut, et les talus seront dressés suivant l'inclinaison prescrite, au fur et à mesure de l'avancement des déblais. L'organisation des chantiers devra être modifiée toutes les fois que cela sera nécessaire pour l'établissement des drains de fonds ou de talus que l'ingénieur jugera utiles, et l'entrepreneur ne sera admis à faire aucune réclamation au sujet de la gêne et de la sujétion qui pourront résulter pour lui de l'exécution de ces diverses conditions.

Déblais en excès.

65. — Les déblais en excès seront, selon ce qui sera prescrit, savoir :

Ou utilisés pour le comblement des faux bras de rivières, ou l'exhaussement des bas-fonds des prés ;

Ou employés en banquettes le long des talus des remblais ;

Ou retroussés en cavaliers le long des tranchées ;

Ou transportés dans des lieux de dépôt.

Les emplacements et dimensions des dépôts seront fixés par l'ingénieur.

L'entrepreneur sera tenu de se conformer à toutes les dispositions qui lui seront prescrites à cet égard.

Les indemnités qui seront dues aux propriétaires des terrains sur lesquels ces dépôts auront lieu, lorsqu'il leur sera porté préjudice, seront payées par l'Administration, sauf prescriptions contraires des devis particuliers, mais seulement dans les limites des emplacements qui auront été fixés par les ordres écrits de l'ingénieur.

Resteront à la charge de l'entrepreneur tous dommages causés par lui en dehors de ces limites, ou par suite de l'inexécution des prescriptions du devis particulier ou des ordres de service.

Le couronnement des dépôts sera réglé ainsi qu'il sera prescrit par l'ingénieur en cours d'exécution.

Le rejet des déblais dans les parties profondes du lit des cours d'eau est sévèrement interdit, et l'entrepreneur devra veiller avec soin sur ses ouvriers, afin que cette manœuvre ne soit jamais exécutée. Il sera responsable de toute infraction commise à la présente interdiction.

Emprunts pour remblais.

66. — Quand les déblais seront insuffisants ou devront être conduits trop loin pour parfaire les remblais, ces remblais seront complétés au moyen d'emprunts de terre dont les emplacements, la profondeur et la distance au pied des talus de remblais seront indiqués par le devis particulier ou par les ordres de service de l'ingénieur.

Les indemnités qui seront dues aux propriétaires des terrains dans lesquels les emprunts auront lieu seront payées par l'administration, sauf prescriptions contraires des devis particuliers.

Mise en réserve de la terre végétale.

67. — La meilleure terre végétale que l'on rencontrera dans les déblais et dans les emprunts sera mise en réserve pour être répandue sur les talus de déblais et de remblais des dérivations, après leur règlement.

Les parties des déblais ou des emprunts dans lesquels cette terre devra être prise de préférence, et la quantité qu'il faudra mettre en réserve dans chacune d'elles, seront indiquées en cours d'exécution par les ordres de service de l'ingénieur.

L'entrepreneur ne sera admis à réclamer aucune indemnité à raison des faux frais ou de la gêne que lui occasionnerait l'exécution de ces ordres.

Matériaux trouvés dans les déblais.

68. — Tous les matériaux de construction, de quelque nature qu'ils soient, qui seront trouvés dans les déblais, appartiendront à l'État.

L'entrepreneur sera tenu de trier, de transporter et d'emmétrer, aux lieux et suivant les dimensions qui lui sont prescrits, tous ceux de ces matériaux qui lui seront indiqués en cours d'exécution par l'ingénieur, soit pour être mis en réserve, soit pour être employés dans les ouvrages de son entreprise, conformément à l'article 26 des clauses et conditions générales.

Il ne sera admis à faire aucune réclamation au sujet des faux frais ou de la gêne que lui occasionnerait l'exécution des ordres qu'il recevra à cet égard.

Transports à la brouette et au tombereau.

69. — Les transports des terres à employer en remblais ou à retrousser seront exécutés généralement à la brouette ou au tombereau. Afin d'assurer le mieux possible le tassement des remblais, les roulages seront toujours conduits de manière à passer successivement sur toute l'étendue de chaque couche de $0^m,25$ d'épaisseur dont ces remblais doivent être formés, ainsi qu'il sera prescrit ci-après.

A cet effet, les roulages devront changer de position à chaque voyage, de manière que tout le corps du remblai supporte une compression à peu près uniforme.

L'entrepreneur sera tenu de se conformer aux ordres qui lui seront donnés à cet égard, sans pouvoir réclamer aucune indemnité à raison des sujétions qui en seraient la conséquence.

Transport au wagon.

70. — Le transport par wagons sur voies de fer pourra être employé pour les déblais à conduire en dépôt hors des tranchées.

Il ne sera utilisé, pour former les remblais du corps des dérivations, que dans des cas exceptionnels, formellement indiqués dans les devis particuliers, et sous la réserve expresse des conditions ci-après :

Les voies et moyens de décharge devront alors être toujours combinés et disposés de manière que toutes les terres provenant, soit des wagons versant par devant, soit des wagons versant par côté, puissent être reprises au pied de la décharge pour être étendues, régalées et pilonnées conformément aux prescriptions ci-après, sans qu'aucune partie du remblai échappe à ces opérations obligatoires.

A cet effet, l'entrepreneur devra établir à ses frais les baleines et autres appontements qui seront nécessaires pour obtenir ce résultat.

Il soumettra, d'ailleurs, toutes les dispositions qu'il se propose d'adopter dans ce but à l'ingénieur, qui n'autorisera définitivement le transport par wagons que s'il reconnaît que les dispositions proposées permettent l'entier régalage et le complet pilonnage de tous les remblais ; dans le cas contraire, il prohibera définitivement ce mode de transport.

Préparation du sol sous les remblais.

71. — Avant d'être recouverte par les remblais, la surface du sol naturel devra toujours être piochée et débarrassée des herbes, racines, et des plantations qui pourraient s'opposer à la liaison du nouveau sol avec l'ancien. Ce piochage devra pénétrer à $0^m,15$ de profondeur, et pourra être remplacé par un labour, si l'entrepreneur le préfère.

La main-d'œuvre nécessaire pour la préparation du sol fait partie des faux frais de l'entreprise, et ne sera l'objet d'aucune allocation spéciale. Les haies, souches et racines seront abandonnées à l'entrepreneur comme dédommagement, sauf le cas où les propriétaires des terrains voudraient les extraire et les enlever eux-mêmes.

Si des gazonnements sont nécessaires, on lèvera dans ces parties, suivant les dimensions prescrites dans l'article 4, les plus beaux gazons qui pourront s'y trouver. Cette main-d'œuvre est comprise dans le prix des gazonnements et ne donnera lieu à aucune indemnité.

Quand l'inclinaison et la nature du sol ou la nature des terres de remblais feront craindre des glissements du nouveau sol sur l'ancien, on aura soin, avant de commencer les remblais, de tailler le terrain ancien par gradins, dont les dispositions seront réglées par l'ingénieur dans chaque cas particulier. Ce travail accessoire sera compté comme déblai au prix du bordereau.

Les couches imperméables et les parties imprégnées d'eau du sol sur lequel devront reposer les terrassements seront drainées, s'il y a lieu, suivant les prescriptions de l'ingénieur.

Dans les fonds tourbeux ou compressibles qui pourraient faire craindre un affaissement des remblais, on pourra exiger l'enlèvement, à l'emplacement du remblai, d'une partie du sol naturel, dont l'épaisseur sera déterminée par le devis particulier ou par des ordres de service.

Régalage des remblais.

72. — Les remblais seront toujours exécutés en régalant les terres par couches horizontales de $0^m,25$ au plus d'épaisseur sur toute leur largeur, et en brisant avec soin toutes les mottes.

A cet effet, l'entrepreneur aura toujours sur le chantier un nombre suffisant de régaleurs pour étendre et briser menu tous les produits de la décharge des brouettes, tombereaux et wagons, de manière qu'aucune partie du remblai ne puisse échapper à ces opérations.

Tassement des remblais à l'aide de rouleaux compresseurs.

73. — L'administration se réserve la faculté d'employer des rouleaux compresseurs pour effectuer le tassement des remblais.

Cette opération sera faite en régie et conformément aux prescriptions de l'ingénieur.

L'entrepreneur sera tenu de disposer les chantiers en conséquence; il ne pourra d'ailleurs réclamer de ce chef aucune indemnité, quels que soient le nombre des passages opérés sur chaque couche de remblai et les sujétions qui en seraient la conséquence.

Pilonnage des remblais.

74. — Les dames et pilons employés au pilonnage des terres auront les formes et les poids déterminés par l'ingénieur. Ils seront manœuvrés par des ouvriers choisis parmi les plus robustes du chantier. Les terres seront arasées par couches

successives de $0^m,20$ d'épaisseur, et battues jusqu'à ce qu'elles soient entièrement brisées et bien liaisonnées avec celles de la couche inférieure, et que chaque couche soit au moins réduite aux deux tiers de son épaisseur primitive. Cette main-d'œuvre ne sera comptée à l'entrepreneur qu'autant qu'elle lui aura été spécialement prescrite par un ordre écrit, et seulement alors pour les parties indiquées. En dehors de ces ordres écrits et nonobstant les prévisions de l'avant-métré et du détail estimatif, l'entrepreneur ne pourra jamais être admis à réclamer aucune indemnité pour les pilonnages, lors même qu'il les aurait effectués en tout ou en partie.

L'administration se réserve d'ailleurs expressément la faculté de faire exécuter les pilonnages en régie. Dans ce cas, le régalage serait néanmoins exécuté par l'entrepreneur et conduit de manière que l'atelier de pilonnage ne chôme pas.

Corrois.

75. — Lorsqu'il y aura lieu d'exécuter des corrois, on emploiera les terres qui seront désignées et reçues par l'ingénieur.

Ces terres proviendront, soit des déblais, soit des emprunts pour remblais, soit d'emprunts spéciaux; on choisira les bancs ou gîtes composés d'argile et de sable bien intimement mêlés et liés.

Lorsqu'on ne rencontrera pas de gîtes de cette nature, on mélangera, dans les proportions qui seront fixées, des terres argileuses et des terres sableuses provenant de lieux différents; le mélange sera opéré avec le plus grand soin et de la manière la plus intime.

Ces terres seront préalablement purgées de racines ou autres corps étrangers, brisées très-menu, bien ameublies, et parfaitement divisées et mêlées.

Elles seront étendues par couches de $0^m,10$ d'épaisseur au plus, légèrement humectées par arrosage, s'il est nécessaire, et battues d'abord avec des battes rondes en bois, puis avec des battes découpées et ferrées; il sera battu et réparti bien uniformément sur chaque couche, par mètre carré, au moins trois cents coups de batte ronde et cinquante coups de batte découpée; le battage devra, d'ailleurs, être continué et prolongé jusqu'à ce que les terres ne puissent plus se comprimer et que chaque couche soit réduite à la moitié de son épaisseur primitive.

L'entrepreneur devra, en outre, se conformer rigoureusement à toutes les prescriptions de l'ingénieur pour la disposition des ateliers de battage et pour les précautions à prendre afin de bien lier les couches entre elles.

L'Administration se réserve d'ailleurs expressément la faculté de faire exécuter les corrois entièrement en régie.

Remblais pour la cuvette du canal ou des dérivations.

76. — Lorsque la cuvette du canal ou des dérivations sera en tout ou en partie en remblai, le fond et les parois, jusqu'au niveau des chemins de halage, seront exclusivement formés avec les terres les plus étanches qu'on pourra trouver dans les déblais.

Ces terres seront étendues et régalées avec les plus grands soins; elles seront pilonnées et corroyées si l'ingénieur le prescrit.

L'épaisseur qu'elles formeront sur tout le pourtour de la cuvette sera la plus forte possible; elle ne pourra jamais être inférieure à un mètre.

Remblais pour les talus.

77. — En effectuant le régalage, on formera les talus avec les remblais les plus résistants partout où ils seront exposés à être baignés par les eaux.

Dans les autres cas, on placera de préférence dans les talus la terre végétale qui n'aura pas été réservée pour les recouvrir; les déblais plus résistants seront alors employés dans les endroits prescrits par l'ingénieur.

Remblais contre les ouvrages d'art.

78. — Les remblais contre les maçonneries des ouvrages d'art devront toujours être exécutés avec les plus grandes précautions, de manière à charger également ces maçonneries de tous les côtés, et à éviter les déversements auxquels pourraient donner lieu des charges inégales. Ils seront exécutés par couches de $0^m,15$ d'épaisseur, pilonnés et arrosés si l'ingénieur le prescrit.

Les réparations des avaries qui pourraient provenir d'un défaut de soin dans l'exécution de ces remblais seront entièrement à la charge de l'entrepreneur.

On choisira, autant que possible, pour placer derrière les maçonneries des ouvrages d'art et surtout derrière les murs en retour et de soutènement, des terres maigres et perméables ou de la blocaille; on en éloignera les terres glaiseuses et surtout celles qui seraient de nature à augmenter les poussées contre ces ouvrages, en s'amollissant ou en se gonflant par l'humidité.

Remblais en terres argileuses.

79. — On évitera en général l'emploi des terres argileuses dans l'exécution du corps des remblais. Ces terres seront soigneusement triées et rejetées hors des remblais, quand l'ingénieur le jugera nécessaire. Quand on sera dans la nécessité d'en employer, on les mélangera, autant que possible, avec des terres sableuses ou végétales, et on les placera conformément aux ordres de service spéciaux qui seront donnés à l'entrepreneur dans chaque cas.

On ne passera jamais, dans l'exécution des remblais, d'une couche imperméable à une couche perméable, sans avoir, préalablement, réglé la première suivant des inclinaisons d'environ $0^m,05$ par mètre, dont les dispositions seront indiquées par l'ingénieur.

Règlement des zones de terrain bordant la voie navigable.

80. — La surface du sol naturel, dans les zones bordant extérieurement la voie navigable, sera disposée de manière à éloigner les eaux pluviales du sommet des talus de déblai et du pied des talus de remblai.

A cet effet, elle sera réglée immédiatement, au moment de l'exécution des terrassements, suivant une pente de $0^m,02$ par mètre au moins, allant de l'extrémité du talus à la limite des terrains achetés par l'État et déversant les eaux dans la rigole de délimitation de ces terrains. Toutes les mains-d'œuvre, sujétions, faux frais, qu'entraînera l'accomplissement des diverses prescriptions énoncées au présent article et dans les quatre articles qui précèdent, font partie des charges de l'entreprise et ne peuvent donner lieu à aucune indemnité.

Règlement des terrassements.

81. — Les arêtes et surfaces des terrassements, tant de déblai que de remblai, seront dressées et dégauchies suivant les formes indiquées par les plans, profils en long et en travers.

Toutes les arêtes saillantes et rentrantes seront nettes et vives, bien droites ou affectant les courbures prescrites, d'une manière régulière et uniforme, sans aucun jarret.

Toutes les surfaces seront bien exactement réglées, parfaitement unies, sans bosses ni flaches, et sans qu'on puisse apercevoir la trace des outils employés à les dresser.

Après que les talus de déblai et de remblai auront été dégrossis, on établira, de 25 mètres en 25 mètres, des amorces indiquant les pentes régulières de ces talus et servant de guide pour le règlement des parties intermédiaires. La recoupe de ces parties intermédiaires sera faite au tranchant de la bêche ou au pic ; le battage avec la pelle ou la dame plate en fera disparaître toutes les aspérités.

Le prix porté à la série pour le dressement des talus comprend l'enlèvement ou le répandage des recoupes qui en proviennent.

Répandage de terre végétale sur les talus.

82. — Lorsqu'il sera prescrit d'exécuter des répandages de terre végétale sur des talus en déblai, ce travail devra être fait avec le plus grand soin. A cet effet, préalablement au répandage de la terre, il sera fait, de 50 centimètres en 50 centimètres en hauteur et sur la surface des talus à recouvrir, des gradins ou sillons de $0^m,20$ de profondeur au moins à leur partie inférieure. Ces gradins seront ensuite comblés avec de la terre semblable à celle employée sur le reste du talus, et le tout sera, au fur et à mesure du répandage, convenablement battu à la dame plate. Toutes ces mains-d'œuvre sont implicitement comprises dans le prix de la série. Il sera seulement tenu compte à l'entrepreneur, en sus de ce prix, du déblai d'une tranche de 15 centimètres d'épaisseur, au-dessous du plan du talus définitif. Le cube de ce déblai sera compté au même prix que celui du reste de la tranchée, pour fouille, charge, transport et régalage.

Réparation des tassements des talus.

83. — Toutes les réparations de talus nécessitées par des tassements ou par le ravinement des eaux de pluie, ainsi que tous les glissements et éboulements qui pourraient survenir dans les remblais et ne proviendraient pas de force majeure, seront à la charge de l'entrepreneur, qui, dans tous les cas, devra les exécuter conformément aux prescriptions de l'ingénieur, sans pouvoir prétendre à aucune indemnité pour main-d'œuvre, fourniture de terre végétale, semis ou autres frais de toute nature qui en seraient la conséquence.

Semis.

84. — Les semis destinés à consolider les talus seront généralement faits en même temps qu'on recouvrira ces talus de terre végétale, lorsqu'il y aura lieu.

On aura soin de répandre d'abord sur ces talus une première couche de cette terre végétale, d'une épaisseur moindre que celle qui aura été prescrite ; on sèmera ensuite la graine sur cette première couche, et on la recouvrira d'une seconde couche, de manière à compléter l'épaisseur indiquée.

Quand il y aura lieu de semer des talus sans y répandre en même temps de la terre végétale, les talus seront d'abord sillonnés au râteau pour recevoir la graine, ratissés ensuite de nouveau pour la recouvrir d'une couche de 3 centimètres d'épaisseur moyenne, puis raffermis à la batte.

Le râteau employé aura ses dents espacées de $0^m,05$; les sillons qu'il tracera seront perpendiculaires à la ligne de plus grande pente.

Les espèces et les quantités de graines employées seront toujours conformes aux indications du devis particulier ou des ordres de service. On n'emploiera jamais moins de huit litres de mélange par are à ensemencer. L'entrepreneur ressèmera à ses frais les parties où l'herbe n'aura pas levé.

Gazonnements par assises.

85. — Les gazonnements d'assise seront exécutés en posant les gazons l'herbe en dessous, normalement à la surface à revêtir, par assises réglées au cordeau, toujours de niveau et à joints découpés et recouverts de 15 centimètres.

On aura soin de les garnir de terre végétale sur la queue et dans les vides des joints, et de les damer, assise par assise, ainsi que le remblai qu'ils revêtent, sur une largeur d'un mètre au moins.

Ils seront piquetés de quatre en quatre gazons dans chaque assise, et de manière que les piquets se correspondent verticalement de quatre en quatre assises. Les piquets auront de $0^m,35$ à $0^m,40$ de longueur, et $0^m,08$ de circonférence au gros bout.

Les gazons seront recoupés de quatre en quatre assises, avec un louchet bien tranchant, suivant les surfaces déterminées, de manière à ne présenter ni bosses ni flaches.

Les deux ou trois premières assises qui devront être enterrées pour servir de fondations seront faites avec les plus grands gazons que l'on pourra lever, et feront saillie sur le reste du revêtement.

Quand le revêtement devra être monté jusqu'au couronnement du talus, la dernière assise sera posée l'herbe en dessus, et présentera une queue uniforme pour former bordure.

Ces gazonnements seront arrosés pendant et après leur confection.

Gazonnements à plat.

86. — Les gazonnements à plat, ou placages de gazons, seront faits en appliquant les gazons contre les talus à revêtir, préalablement piochés, recouverts d'un lit de terre végétale et arrosés.

Ces gazons seront posés l'herbe en dehors, par bandes bien régulières et horizontales, à joints découpés et recouverts de 15 centimètres.

Ils seront battus à la dame plate, puis retondus, de manière à former un parement parfaitement régulier.

Chaque gazon sera fixé au talus par trois petits piquets de 30 centimètres de longueur et 25 millimètres de diamètre.

Ces gazonnements seront, comme ceux d'assise, arrosés pendant et après leur confection.

Boutures.

87. — Les boutures auront $0^m,40$ à $0^m,80$ de longueur.

Elles seront alignées au cordeau et disposées en quinconce. Les intervalles seront de $0^m,40$ entre les plants.

On fera, au moyen d'un piquet en fer, des trous de $0^m,30$ de profondeur, et après avoir placé la bouture, on comprimera le terrain à la partie supérieure pour combler le vide qui pourrait exister.

Les boutures seront appointées en bec de flûte par le bout destiné à être planté, en conservant leur écorce jusqu'à la pointe, du côté de cette pointe où le bois ne sera pas entamé.

Les plantations auront lieu, autant que possible, au printemps, au moment où la sève est la plus vigoureuse, et jamais dans la saison où la sève est arrêtée.

Soins à donner aux semis, gazonnements et boutures, après leur exécution.

88. — L'entrepreneur fera, jusqu'à l'époque fixée pour la réception définitive, les arrosages, sarclages, binages, etc., enfin toutes les mains-d'œuvre nécessaires pour le bon entretien des semis, gazons et plantations de boutures exécutés.

Il est bien entendu que les parties de ces gazons, semis et plantations, qui ne seraient pas dans un parfait état lors de la réception définitive, devront être distraits du décompte général de l'entreprise.

Les soins à donner aux semis, gazonnements et boutures font partie des faux frais de l'entreprise et ne seront l'objet d'aucune allocation spéciale.

Tunages.

89. — Les piquets des tunages seront plantés en ligne et battus au maillet.

Leur saillie au-dessus du sol et leur espacement de milieu en milieu seront prescrits en cours d'exécution.

Ces piquets seront entrelacés avec des baguettes ou clayons; chaque clayon devra embrasser au moins quatre piquets, et les clayons de la ligne supérieure au moins cinq. Les deux derniers clayons vers le haut seront amenés alternativement dessus et dessous pour s'entrelacer.

Les clayons seront retenus à chaque piquet par une cheville en cœur de chêne traversant la tête de ce piquet, ou par un crochet naturel.

Le battage des piquets sera complété, après la pose des clayons, de manière à les serrer fortement.

Fascinages à plat.

90. — Les fascinages à plat seront composés d'une couche de fascines déliées de 0^m,10 d'épaisseur, étendues sur le talus à défendre, se recouvrant tête sur queue, et tellement serrées qu'il n'y ait pas le moindre jour pour apercevoir le terrain.

Ces fascines seront maintenues par des lignes horizontales de tunages généralement espacées de 0^m,50 de milieu en milieu.

§ 2. — MAÇONNERIES, PAVAGES, EMPIERREMENTS, ETC.

Remise de dessins et ordres de service.

91. — Pour l'exécution des ouvrages d'art, il sera remis à l'entrepreneur, sur récépissé, des dessins d'exécution indiquant les cotes d'établissement et les différents détails de construction.

Des ordres de service particuliers, auxquels l'entrepreneur sera tenu de se conformer ponctuellement, indiqueront, pour chaque ouvrage, la nature et la provenance des matériaux qui y seront employés, et les prix de la série qui devront être appliqués à l'unité de chaque espèce de travail.

Tracé et piquetage.

92. — Avant l'ouverture des fouilles de chaque ouvrage, l'ingénieur, ou un agent sous ses ordres, tracera sur le terrain, au moyen de piquets, l'axe de cet ouvrage; il placera de plus un repère de hauteur dont il donnera la cote à l'entrepreneur.

Celui-ci devra vérifier ce tracé et cette cote, et signaler à l'ingénieur les erreurs qu'ils pourraient présenter; il lui est accordé, à cet effet, un délai de deux jours.

Après l'expiration de ce délai, il demeurera responsable des erreurs qu'il n'aurait pas signalées et de toutes les conséquences qui pourraient en résulter.

L'entrepreneur devra, de plus, compléter le tracé de l'ouvrage par lui-même et par ses agents.

Tous les frais de tracé et de pose des repères seront entièrement à sa charge.

Fouilles de fondations.   93. — Les fouilles des fondations des ouvrages d'art et bâtiments seront creusées exactement suivant les profils donnés par l'ingénieur et descendues aux profondeurs qu'il prescrira en cours d'exécution, d'après la nature des terrains rencontrés.

On ne leur donnera, autant que possible, que la stricte largeur des maçonneries qu'elles doivent recevoir, de manière que celles-ci puissent être exactement appliquées et fortement serrées contre les parois des fouilles.

Ces parois seront taillées verticalement et soutenues, partout où cela sera nécessaire, par des étais et blindages en charpente ; l'entrepreneur sera, d'ailleurs, complétement responsable de tous les éboulements qui pourraient survenir par suite du défaut et de l'insuffisance de ces blindages.

Lorsque les blindages seront rendus complétement impossibles, soit par la nature du terrain, soit par la disposition des fouilles, on donnera aux parois une inclinaison suffisante pour prévenir tout éboulement.

En tout cas, le surplus de largeur des fouilles sera toujours comblé, au fur et à mesure de l'élévation de chaque assise de maçonnerie, par des terres choisies, mêlées de blocailles, fortement damées, pilonnées et serrées jusqu'à ce qu'elles ne puissent plus se comprimer.

Extinction de la chaux.   94. — Lorsque la chaux sera fournie vive en pierre, elle sera éteinte dans des bassins imperméables, revêtus en planches ou en maçonnerie, placés sous des hangars couverts, bien abrités et à la portée des ateliers de fabrication des mortiers et bétons.

On réduira la chaux vive en morceaux de huit à dix centimètres de grosseur, et on l'étendra à la pelle dans les bassins, par couches de vingt à vingt-cinq centimètres d'épaisseur. On n'emploiera que la qualité d'eau nécessaire pour la réduire à l'état de pâte ferme, et on jettera, autant que possible, assez d'eau du premier coup pour ne pas être obligé d'y revenir pendant l'effervescence.

Si quelques parties fusent à sec, on y dirigera l'eau par des rigoles tracées légèrement dans la pâte, et de temps en temps on enfoncera un bâton pointu dans les endroits où l'on soupçonnera que l'eau a pu manquer. Si le bâton en sort enduit d'une chaux gluante, l'extinction est bonne ; s'il s'élève, au contraire, une fumée farineuse, c'est une preuve que la chaux a fusé à sec ; on élargira alors le trou, on en fera d'autres à côté et on y amènera l'eau. On y ajoutera, si cela est nécessaire, une nouvelle quantité d'eau avec un arrosoir.

Le résultat immédiat de l'extinction devra produire une pâte bien homogène, à la fois ductile et ferme.

Il est expressément interdit de noyer la chaux et de la brasser pour la réduire en pâte. Toute chaux qui aura été éteinte de cette façon sera rigoureusement refusée.

La chaux ne sera employée que vingt-quatre heures après son extinction et lorsqu'elle sera complétement refroidie ; on n'éteindra à la fois que la quantité nécessaire pour la consommation de deux ou trois journées au plus.

La chaux à employer pour les mortiers de sable fin devra être éteinte en poudre de la manière suivante :

La chaux vive concassée, s'il y a lieu, sera placée dans des paniers et plongée dans l'eau pendant quelques secondes ; puis on la déposera immédiatement sous des hangars bien abrités, dans des futailles ou de grands encaissements, où la chaleur puisse se concentrer.

Lorsqu'elle sera refroidie, on la passera dans un tamis ayant au moins 81 trous par centimètre carré, et si on ne l'emploie pas de suite, on devra la conserver dans un magasin bien fermé, situé dans un lieu bien sec et garni d'un plancher porté sur des gîtes.

Foisonnement de la chaux. 95. — Le foisonnement de la chaux est supposé connu à l'avance, et déterminé par la série des prix pour la série des fours prescrits par les devis particuliers. S'il y a lieu, en cours d'exécution, d'employer des chaux d'une autre provenance, leur foisonnement sera déterminé contradictoirement, pour servir de base à l'approbation d'un prix supplémentaire.

Dosage des mortiers de chaux. 96. — Le mortier sera composé de sable et de chaux en pâte ou en poudre dans les proportions fixées par les devis et bordereau de prix de chaque entreprise.

L'ingénieur pourra toujours faire varier ces proportions ; les prix du mètre cube seront modifiés en conséquence.

Si la quantité de chaux est augmentée, le nouveau prix sera établi en admettant qu'un mètre cube de mortier se compose normalement des quantités de sable et de chaux déterminées au devis et que toute la chaux employée en sus de la quantité fixée reproduise un cube égal de mortier.

Si la quantité de chaux est diminuée, le nouveau prix sera établi d'après les mêmes hypothèses que précédemment, c'est-à-dire en admettant que le cube du mortier est réduit de la même quantité que le cube de la chaux, sans toutefois que cette réduction puisse donner un cube de mortier inférieur à celui du sable employé.

Quand on emploiera la chaux éteinte en pâte, elle sera soigneusement dosée, ainsi que le sable, dans des caisses ou brouettes offrant les dimensions prescrites par l'ingénieur.

Avant le dosage, la chaux éteinte devra être débarrassée de tous les incuits et biscuits qu'elle pourra contenir ; elle sera jaugée, non en morceaux entremêlés de vides, telle qu'on l'extrait des bassins, mais après avoir été tassée dans les caisses ou brouettes de dosage, de manière à ce qu'il n'y reste aucun vide.

Quand le mortier devra être confectionné avec des chaux en poudre, le dosage du sable aura lieu de la même manière dans des brouettes ou caisses préalablement jaugées. Mais celui de la chaux se fera simplement au moyen des sacs dans lesquels elle aura été fournie par le fabricant, de telle sorte qu'un nombre invariablement fixé de sacs de chaux et de brouettes de sable donne au mortier la composition prévue par le devis.

Fabrication des mortiers de chaux. 97. — La manipulation des mortiers sera faite à couvert sous des hangars fermés, établis et entretenus aux frais de l'entrepreneur.

L'emploi du rabot pour la confection des mortiers ne sera toléré que pour des travaux isolés de petites dimensions, et sur une autorisation écrite de l'ingénieur.

Quand on emploiera de la chaux en pâte, les mortiers seront fabriqués au moyen de machines à manège, fournies par l'entrepreneur, et dont les formes et dimensions devront être acceptées par l'ingénieur. On commencera par broyer la chaux séparément jusqu'à ce qu'elle soit réduite à l'état de pâte molle ; on y ajoutera successivement le sable sans addition d'eau, et on corroiera le mélange jusqu'à ce qu'il soit bien intime et qu'on ne puisse plus distinguer aucune partie de chaux séparée.

Quand on emploiera de la chaux en poudre, les mortiers pourront être fabriqués au moyen de broyeurs fournis par l'entrepreneur et dont les formes et dimensions devront être acceptées par l'ingénieur. On commencera par mélanger grossièrement au rabot, avec addition de la quantité d'eau strictement nécessaire, la chaux et le sable dosés conformément à l'article précédent. On introduira ensuite le mélange dans le broyeur dont on réglera l'orifice d'écoulement de manière que la trituration soit complétement effectuée.

Le mortier, quel que soit son mode de fabrication, sera toujours gâché ferme.

Les mortiers destinés à la pose de la pierre de taille et des moellons d'appareil, ainsi qu'aux rejointoiements, seront faits avec du sable fin.

Le mortier sera conservé à couvert, sur une aire en planches, jusqu'au moment de l'emploi.

On ne fabriquera que la quantité de mortier qui pourra être employée dans la journée. Le mortier fait depuis plus de six heures ne pourra être employé qu'après avoir été mélangé avec du mortier frais et soumis à une nouvelle trituration.

Le mortier qui serait desséché entièrement, et qui ne pourrait revenir par le broyage ou pilonnage sans addition d'eau, sera rejeté hors du chantier et ne pourra jamais être mélangé avec du nouveau mortier.

Mortier de chaux et ciment.

98. — L'Administration se réserve le droit de faire entrer dans le dosage des mortiers une certaine proportion de ciment de tuileau, de Vassy ou autre.

Lorsqu'on emploiera du ciment dans les mortiers, on commencera par réduire la chaux en pâte molle ; on y jettera ensuite le ciment, qui sera corroyé avec la chaux jusqu'à ce que le mélange soit intime, et c'est alors seulement qu'on ajoutera le sable comme pour le mortier ordinaire.

Le ciment, quelle qu'en soit la nature, sera payé séparément à l'entrepreneur ou fourni en régie ; l'entrepreneur sera tenu d'en faire l'emploi conformément aux instructions qui lui seront données.

A moins d'une stipulation expresse du bordereau des prix, l'entrepreneur ne pourra réclamer aucune augmentation pour la façon du mortier de chaux et ciment, ou pour celle des maçonneries où il aura été employé ; mais, dans tous les cas, il ne subira aucune réduction sur le prix de ces mêmes mortiers, à raison du volume de sable qui pourrait être retranché dans le dosage.

Dosage et fabrication du mortier de ciment.

99. — Le mortier de ciment sera composé de sable et de ciment dans les proportions fixées par le devis particulier ou par les ordres de service de l'ingénieur.

Il sera gâché à l'aide d'une truelle mince en acier ou en fer, à long manche, dans une auge à fond rectangulaire, dont une des grandes parois latérales est supprimée, et dont les trois autres s'élèvent perpendiculairement au fond.

Cette auge aura environ un mètre ($1^m,00$) de longueur, soixante centimètres ($0^m,60$) de largeur et $0^m,20$ de hauteur. Le gâcheur placera cette auge de manière que le fond se trouve à la hauteur de son ventre, et que la face ouverte soit de son côté. Il mesurera à l'aide de sébiles en bois le sable et le ciment qui doivent faire une gâchée : le volume total de ces matières ne pourra pas être supérieur à 6 litres. Il versera au fur et à mesure les sébiles dans l'auge, et à l'aide de la truelle il mélangera les matières à sec et en fera une digue sur le côté ouvert de l'auge. Il versera derrière ce barrage, en une seule fois si cela est possible, la quantité d'eau convenable, et avec le bout de la truelle, il poussera par petites parties toute la digue sur l'eau, puis il agitera le tout avec la truelle, pour en former un mélange préparatoire qu'il poussera sur un des côtés de l'auge. Alors il fera successivement passer la pâte par petites parties sous le plat de la truelle, en la comprimant avec force afin d'en broyer et triturer toutes les parcelles.

Ayant ainsi fait passer la matière de l'autre côté de l'auge, où on la pousse en relevant les bords de la pâte vers le milieu, on recommencera dans le sens opposé à faire repasser le ciment sous le plat de la truelle. Si après cette seconde opération le ciment n'est pas suffisamment trituré, on le fera repasser une troisième fois.

Le gâchage se fera par le travail du poignet et non à force d'eau, dont le volume ne devra jamais excéder sensiblement la moitié de celui du ciment en poudre.

Fabrication du béton. 100. — Le béton sera composé de mortier et de gravier ou de pierres cassées dans les proportions fixées par chaque devis particulier.

Les matières seront exactement mesurées dans des caisses ou brouettes fournies par l'entrepreneur, d'après les dimensions et indications qui seront prescrites par l'ingénieur.

Le béton pourra être confectionné à la griffe ou au moyen de bétonnières.

Dans le premier cas, le mélange se fera au moyen de pelles, de griffes et de rabots. Les ouvriers chargés d'opérer l'incorporation de la pierre avec le mortier devront toujours marcher en tournant autour du mélange ; et les ateliers devront présenter l'étendue nécessaire à cet effet. L'opération devra se prolonger aussi longtemps qu'il sera nécessaire pour qu'on ne distingue plus aucune pierre ou caillou qui ne soit recouvert d'une gangue de mortier.

Quand le béton sera fait au moyen de machines, le modèle de ces machines devra être préalablement accepté par l'ingénieur. Le béton sortant de la bétonnière sera au besoin remanié à la griffe ou repassé à la machine jusqu'à ce qu'il satisfasse aux conditions ci-dessus fixées. L'ingénieur aura toujours le droit de proscrire ultérieurement l'emploi des bétonnières, s'il venait à reconnaître que le béton y est mal fabriqué.

Dans les deux cas la fabrication du béton sera faite sans aucune addition d'eau. Avant de mélanger le gravier ou la pierre cassée avec le mortier, on le lavera avec soin, pour le dépouiller de toute matière terreuse, et le disposer à se lier avec le mortier. Ce lavage sera fait en dehors de l'atelier de fabrication dans des caisses ou brouettes à claire-voie, au moins une demi-heure avant l'emploi, afin que les matériaux puissent s'égoutter, et ne conservent pas assez d'eau pour amollir le mortier.

Le dosage, la fabrication, quel qu'en soit le mode, ainsi que la conservation du béton, auront lieu sur des aires en planches établies sous de grands hangars couverts, et bien abrités de la pluie et du soleil.

Le béton sera toujours employé aussitôt que possible ; il sera au besoin remanié avant l'emploi.

Le béton qui serait desséché au point de ne pouvoir revenir par la trituration ou le pilonnage, sans addition d'eau, sera rejeté hors du chantier et ne pourra pas être mélangé avec du béton frais.

Béton avec mortier de ciment et sable.

101. — Le béton avec mortier de ciment et sable ne se fera pas en broyant ensemble la pierraille et le ciment.

On commencera par verser une première gâchée de mortier de ciment dans l'emplacement voulu, puis on y enfoncera la plus grande quantité possible de pierrailles.

Une seconde gâchée sera traitée de même, et ainsi de suite jusqu'à ce qu'on ait donné à l'ouvrage les dimensions voulues.

La pierraille sera parfaitement nettoyée et lavée à grande eau, de manière à la débarrasser de toutes matières étrangères. Ce lavage devra être terminé une demi-heure avant l'emploi.

Quand le travail ne pourra pas être terminé en une journée, la surface du béton posé la veille sera mise à vif, nettoyée, brossée et lavée, et, avant de poser le nouveau béton, on enlèvera avec soin les détritus et la poussière qui pourraient empêcher la soudure.

Béton posé à sec.

102. — Le béton posé à sec sera roulé à la brouette et régalé par couches de trente centimètres au plus d'épaisseur. Ces couches seront exécutées par bandes perpendiculaires à la longueur, de manière à former un massif à redans sur toute l'épaisseur définitive du béton.

Chaque couche sera tassée et fortement comprimée, de manière à donner une seule masse bien serrée et bien compacte ; mais on évitera avec soin les coups répétés qui rendraient la surface supérieure liquide.

Les parties de béton qui seraient desséchées seront soigneusement recoupées et ravivées avant la pose du nouveau béton ; enfin, les surfaces visibles et particulièrement les talus, seront, au besoin, défendus de l'action du soleil, de la pluie et du vent, en les couvrant, soit d'une toile humide, soit de planches, de paillassons, etc., pour les empêcher de se gercer ou de sécher trop promptement.

Béton coulé sous l'eau.

103. — Quand le béton devra être employé sous l'eau, il sera coulé à l'aide de caisses, et avec toutes les précautions nécessaires pour empêcher les matières de se délayer ou de se séparer en arrivant au fond.

Pour cette opération, l'entrepreneur suivra scrupuleusement toutes les prescriptions qui lui seront données par l'ingénieur.

Les caisses, portées chacune sur un chariot léger, seront manœuvrées par mouvements réguliers et parallèles, soit au moyen de radeaux, soit avec des échafaudages préparés à cet effet.

Le béton sera coulé par couches de $0^m,40$ à $0^m,50$ d'épaisseur et par bandes perpendiculaires à la longueur de l'ouvrage, de manière que le massif s'avance régulièrement comme d'une seule pièce sur la hauteur qu'il doit avoir, en présentant un talus sur lequel la laitance glissera jusqu'au fond de la fouille.

Ce travail devra être conduit rapidement, et pour cela, l'entrepreneur, dans les chantiers importants, sera tenu d'avoir toujours en avance 20 mètres cubes de béton.

On pressera soigneusement à la dame plate, sans secousses, le béton de chaque couche, à mesure de son immersion, pour le tasser et faire dégorger la laitance sur le talus.

En avant de l'atelier d'immersion, on placera des ouvriers choisis qui, avec

5

des râclettes en tôle et de larges balais de bouleau, nettoieront avec grand soin et par des mouvements doux, le sol des fondations au pied du béton, et entraîneront les vases vers la partie inférieure des fouilles, qui sera disposée de telle manière que la laitance puisse s'échapper entre les pièces du vannage.

En outre, au moment de chaque reprise de travail, des ouvriers, munis de larges balais en paille, nettoieront aussi, par des mouvements très-doux, la surface du béton précédemment coulé et mettront cette surface parfaitement à nu, en chassant la laitance qui s'y serait déposée.

Toutes les fois qu'on reprendra le coulage du béton, après une longue interruption, on décapera parfaitement à la drague toute la surface de l'ancien béton, et l'on entamera cette surface à l'aide d'un grappin, pour la rendre rugueuse, dans le cas où l'on aurait à craindre que ce béton n'eût acquis une trop grande dureté pour se relier parfaitement avec le nouveau. Si l'interruption est due au manque de matériaux ou à toute autre cause provenant de la négligence ou de l'imprévoyance de l'entrepreneur, ce travail sera à sa charge. Si, au contraire, l'interruption est causée par une inondation imprévue ou par un cas de force majeure, ce travail sera exécuté aux frais de l'Administration.

Quand le béton devra rester exposé sans revêtement à l'action des eaux, la couche supérieure immergée sera bien dressée et comprimée au moyen d'un rouleau en fonte ou en pierre.

Quand la hauteur d'eau n'excédera pas soixante centimètres et que le massif du béton devra s'élever au-dessus du niveau de l'eau, on fera dans un coin de la fouille, à l'aide d'une trémie, un champignon sur lequel on versera à sec le béton transporté dans des brouettes ; puis, à l'aide de la pression des pieds et par un mouvement lent, on fera descendre et avancer la masse peu à peu, de manière qu'elle présente toujours à l'eau la même surface. On continuera ainsi à verser le béton sur le massif déjà coulé, en ayant soin d'enlever les laitances et les matières vaseuses poussées en avant du talus, si ces matières ne peuvent s'échapper facilement et naturellement. A mesure de l'avancement du travail, le massif sera fortement tassé par compression, en évitant les coups répétés qui réduiraient en eau la surface supérieure.

Quel que soit le mode de coulage employé, on devra, avant et au moment de commencer cette opération, nettoyer avec soin le fond de la fouille à l'aide de la drague, et, au besoin, à l'aide d'un fagot d'épines ou d'un balai de bouleau.

Le prix de toutes les mains-d'œuvre ci-dessus prescrites pour l'enlèvement des laitances et des vases a été compris explicitement ou implicitement dans le prix du bordereau, et l'entrepreneur ne pourra réclamer de ce chef aucune indemnité.

Prescriptions applicables à toutes les maçonneries.

104. — Une demi-heure au moins avant l'emploi, les pierres et les moellons seront arrosés à grande eau sur le tas.

Dans les temps secs, les maçonneries sont arrosées fréquemment, mais légèrement, avec l'arrosoir à pomme de jardinier, afin de prévenir une dessiccation trop prompte.

Dans les temps secs et dans les temps de pluie, l'entrepreneur préservera les surfaces des nouvelles maçonneries au moyen de nattes ou de paillassons.

Quand on appliquera une maçonnerie nouvelle sur une déjà ancienne, les surfaces de jonction de cette dernière seront soigneusement nettoyées, arrosées et lavées au besoin ; on replacera avec du mortier neuf toute pierre qui vacillerait.

Le mortier devra toujours être déposé dans des auges en bois sur les chantiers et non amené sur les maçonneries, et ces auges seront soigneusement abritées au moyen de nattes dans les temps pluvieux ou dans les temps très-chauds.

Les brouettes qui seraient employées pour le service des maçonneries ne pourront y circuler que sur des madriers disposés préalablement sur toute l'étendue du trajet à parcourir.

On ne posera jamais une assise de parement sans que l'intérieur de l'assise précédente soit garnie de maçonnerie de remplissage.

L'entrepreneur devra commencer et cesser les travaux aussitôt qu'il en sera requis, et prendre, pendant l'hiver ou le temps des crues, les mesures nécessaires pour empêcher les dégradations.

Lorsqu'il aura reçu l'autorisation de travailler dans la saison des froids, il devra, pendant chaque nuit, recouvrir à ses frais les maçonneries en cours d'exécution avec des paillassons et ne les découvrir qu'au moment même du travail.

Il devra, au moment d'abandonner les maçonneries, en disposer la surface supérieure de manière que les eaux de pluie ne puissent les dégrader, et les recouvrir, soit avec des paillassons, soit avec une couche de sable de 0m,10 d'épaisseur, pour les mettre à l'abri de la gelée. Les paillassons et le sable seront mis et enlevés aux époques où l'ordre en sera donné par l'ingénieur.

A la reprise des travaux, toutes les maçonneries avariées par une cause quelconque seront démolies et reconstruites, sans que l'entrepreneur puisse prétendre à aucune indemnité.

Les prix des maçonneries et béton comprennent, en outre des fournitures et de la pose, les déchets, le transport, les échafaudages, le montage ou la descente des matériaux, et généralement toutes les mains-d'œuvre et fournitures nécessaires pour l'exécution complète des ouvrages.

Fondation des ouvrages d'art.

105. — Quand les ouvrages d'art seront fondés à sec par voie d'épuisement, les sources qu'on rencontrera sous les fondations ou les radiers seront dérivées, conformément aux prescriptions de l'ingénieur, au moyen de petits caniveaux recouverts de briques ou de moellons, et maçonnés en bon mortier hydraulique. Lorsque les fondations ou radiers seront terminés et auront assez de résistance pour ne plus pouvoir être traversés par les sources, celles-ci seront étouffées, si on ne peut sans inconvénient leur procurer un écoulement naturel. L'entrepreneur ne pourra réclamer pour ces diverses sujétions aucune indemnité en sus du prix porté au bordereau pour caniveaux de fondations.

Quand les ouvrages seront fondés sur une aire générale en béton, la première assise sur le béton sera en général posée à sec, soit directement, soit à l'abri d'un bâtardeau bien étanche et après épuisement, lorsque le massif de béton devra être arasé au-dessous de la surface de l'eau.

Ce bâtardeau sera établi suivant les indications qui seront données à l'entrepreneur en cours d'exécution.

On ne commencera d'ailleurs les épuisements que lorsque le béton de fondation et le bâtardeau auront acquis assez de consistance pour être complétement étanches et pour résister parfaitement aux pressions et sous-pressions auxquelles ils seront exposés.

Après sa mise à sec, la surface du béton sera balayée, grattée, avivée et parfaitement nettoyée; elle sera dérasée, s'il est besoin, puis recouverte d'une couche de mortier très-hydraulique sur laquelle seront posées les pierres de la première assise.

La surface du béton sera avivée et nettoyée avec les mêmes soins, lorsque, par exception, cette première assise sera posée dans l'eau au moyen de la louve; dans ce cas, toutes les pierres seront fortement damées sur une couche épaisse de mortier très-ferme, puis dérasées au niveau voulu.

De petits caniveaux seront établis, s'il y a lieu, soit dans la première assise, soit dans les assises supérieures, pour donner passage aux eaux de filtration, et ils devront être aveuglés lorsque les maçonneries auront été élevées au-dessus du niveau des eaux. Sauf prescription contraire du devis particulier et du bordereau des prix, ces diverses opérations ne pourront donner lieu à aucune réclamation de la part de l'entrepreneur: seulement le vide des caniveaux ne sera pas déduit du cube total des maçonneries qui seront comptées comme pleines.

Vérification de la première assise.

106. — Dans tous les cas, avant de passer à la deuxième assise, on vérifiera avec le plus grand soin les parements, les arêtes, les angles et la surface supérieure de la première pour s'assurer qu'elle est bien rigoureusement implantée, dans toutes ses parties, suivant les directions, positions, dimensions, contours, aplombs, fruits et niveaux prescrits.

Les distances aux axes et les largeurs d'ouverture qui devront exister entre les culées, piles, bajoyers, etc., des ponts, écluses, pertuis, etc., seront mesurées et vérifiées avec les plus grands soins et la plus rigoureuse exactitude au moyen de jauges ou longues règles en sapin, présentées bien d'équerre et bien de niveau, et posées, s'il y a lieu, pour éviter tout flambement, sur la tête de piquets plantés en ligne et recépés bien horizontalement.

Maçonnerie de pierre de taille.

107. — La maçonnerie de pierre de taille sera exécutée par assises régulières, conformément aux détails d'appareil qui seront remis à l'entrepreneur en cours d'exécution.

Dans les assises courantes, les pierres seront appareillées par carreaux et boutisses dont la longueur sera au moins égale à deux fois la hauteur, et les joints montants seront à recouvrement de $0^m,20$ au moins.

La pierre de taille devra toujours être posée sur son lit de carrière ou n'être pressée, comme dans les voussoirs, que perpendiculairement à ce lit.

Chaque assise sera parfaitement dérasée de niveau avant la pose de l'assise suivante.

La pose sera faite à bain de mortier de chaux et de sable fin. On s'assurera, avant l'emploi de chaque pierre, et, au besoin, en la mettant provisoirement en place, qu'elle est convenablement préparée pour occuper la place qui lui est destinée. On nettoiera et on humectera les lits et joints qui doivent être en contact, et on étendra sur le lit de la pierre inférieure, une couche de mortier de $0^m,025$ d'épaisseur. La pierre sera ensuite amenée et placée avec soin, puis elle sera bien dressée en tous sens à coups de masse en bois. Cette opération devra réduire l'épaisseur des joints horizontaux à huit ou dix millimètres, et faire refluer une certaine quantité de mortier dans les joints verticaux. On achèvera de remplir ces joints en y faisant pénétrer du mortier au moyen de la fiche à dents, et non par le coulage, qui est formellement interdit.

La pose pourra, sur une autorisation écrite de l'ingénieur, être exécutée sur cales: on prendra toutes les précautions prescrites ci-dessus, mais le remplissage des joints aura lieu uniquement au moyen de la fiche à dents et il sera continué jusqu'à ce que toutes les cales puissent être facilement retirées avec la seule pression du doigt et sans choc. Les cales seront soigneusement retirées. L'emploi des cales en fer, et le maintien des cales en bois sont formellements interdits. L'ingénieur pourra toujours défendre sur un chantier la pose sur cales s'il reconnaît qu'elle donne des résultats défectueux.

Les joints verticaux auront huit millimètres de largeur.

Enfin, les inégalités qui pourraient se trouver vers la queue de la pierre seront soigneusement garnies avec des éclats de pierre dure enfoncés dans le mortier et serrés à coups de marteau.

L'entrepreneur sera responsable de tous les accidents qui pourraient arriver aux pierres pendant la taille, le bardage et la pose. En conséquence, toute pierre qui serait écornée ou dont les arêtes seraient épaufrées sera remplacée et ne pourra être employée qu'après une retaille et dans un autre emplacement auquel elle pourrait convenir d'après ses nouvelles dimensions.

Il en sera de même de toutes les pierres qui seraient avariées pendant et après les travaux jusqu'à la réception définitive.

Maçonnerie de moellons de parement.

108. — Les parements de maçonnerie de moellons avec mortier, destinés à être rejointoyés, seront divisés en trois classes :

1° Les parements de moellons smillés ;

2° — — piqués ;

3° — — piqués, ciselés et échantillonnés dits d'appareil.

Les moellons seront appareillés par carreaux et boutisses en égal nombre et alternés ; des lancis, ayant $0^m,50$ de queue pour les moellons piqués et $0^m,45$ pour les moellons smillés, seront, en outre, placés en échiquier ou en quinconce, à raison de un par mètre superficiel. Le prix de ces lancis est implicitement compris dans celui des maçonneries.

Les lits des assises seront toujours bien dressés de niveau, et la hauteur de ces assises sera combinée de manière que deux ou trois assises de moellons répondent toujours à une assise de pierre de taille.

On n'emploiera pas, pour deux assises successives, des moellons différant de plus de $0^m,02$ dans leur hauteur, ni des moellons différant entre eux de plus de $0^m,04$ pour un même travail. On évitera d'ailleurs de faire varier fréquemment les hauteurs d'assises, et les variations devront se faire par degrés insensibles.

Les joints verticaux des assises successives seront à recouvrement de $0^m,10$ au moins.

La pose des moellons sera faite sur leur lit de carrière, à bain soufflant de mortier ; ils seront bien calés par derrière, sans cales par devant et frappés à la mailloche jusqu'à ce qu'ils soient solidement assis.

Dans les radiers, on placera les lits et joints avec les mêmes précautions.

Chaque assise sera parfaitement dérasée avant la pose de l'assise suivante.

Le parement de la maçonnerie de moellons sera établi en retrait sur celui de la maçonnerie de pierre de taille, suivant les indications de l'ingénieur.

Dans les maçonneries à deux parements de $0^m,60$ d'épaisseur et au-dessous, on placera, par mètre linéaire et par assise, et sans augmentation de prix, un moellon traversant de part en part et formant parement des deux côtés.

Quels que soient, d'ailleurs, les matériaux employés, tous les parements seront parfaitement dressés suivant les surfaces prescrites.

Toutes les arêtes saillantes formées par l'intersection de deux parements seront parfaitement régulières, bien vivés et bien pures ; lorsque l'ingénieur le prescrira, elles devront être, soit arrondies, soit abattues en pan coupé.

Tous les angles rentrants formés par l'intersection de deux parements seront également bien réguliers et bien vifs ; ils seront toujours entièrement refouillés dans la pierre, laquelle s'engagera dans chaque parement suivant des longueurs qui seront fixées dans chaque cas particulier, et qui seront appareillées de manière à former des harpes régulières ; en conséquence, tout joint, soit montant, soit de lit, est formellement interdit dans les susdits angles rentrants.

Maçonnerie de moellons ordinaires.

109. — Les maçonneries seront exécutées de manière à être parfaitement pleines. Une pierre ne devra jamais en toucher une autre sans l'intermédiaire du mortier ; d'un autre côté, aucun intervalle un peu considérable ne sera rempli en mortier seulement.

Les moellons seront posés sur leur lit de carrière, à bain soufflant de mortier, pressés obliquement à la main, de manière à les faire glisser jusqu'à ce qu'ils rencontrent un appui résistant, puis frappés et tassés avec le manche du têtu jusqu'à ce qu'ils aient acquis une assiette solide et que le mortier reflue de tous les joints. Le mortier surabondant sera repris à la truelle pour être employé ailleurs, et les parties de moellons qui se détacheraient sous les coups du têtu seront relevées et employées avec du nouveau mortier. Les intervalles qui pourront rester entre les moellons seront d'abord bien remplis de mortier, puis on y enfoncera, avec le marteau, d'abord des éclats de pierre assez petits pour descendre au fond de la cavité, ensuite d'autres un peu plus forts pour la remplir complétement. Tous ces éclats seront solidement assujettis.

Le mortier des joints de chaque assise sera fortement pressé à la truelle. On évitera d'ailleurs d'araser le dessus des maçonneries ; cette surface sera rendue aussi irrégulière que possible, et, au besoin, il pourra être prescrit d'introduire dans la masse de fortes pierres brutes disposées de manière à relier les assises.

On aura soin, avant de poser une nouvelle assise, de bien nettoyer l'assiette inférieure avec le balai et de l'arroser légèrement ; toutes les pierres vacillantes ou cassées seront enlevées.

Pour s'assurer de l'imperméabilité des maçonneries, il sera fait fréquemment, par l'ingénieur ou le conducteur des travaux, une cavité dans les maçonneries en cours d'exécution. Cette cavité sera remplie d'eau qui devra s'y maintenir à niveau. S'il y avait infiltration prononcée, la maçonnerie serait démolie et refaite entièrement à la charge de l'entrepreneur.

Les moellons employés à former parement devront satisfaire aux conditions énoncées à l'article 19.

Tous les parements, vus ou cachés, seront parfaitement dressés, sans jarret, saillie, ni ondulations d'aucune espèce, suivant les alignements, courbes, fruits et pentes, gabarits et profils qui seront prescrits.

Les parements intérieurs seront régularisés par un jointoiement grossier et recouverts d'un crépi à une couche. Le prix de cette opération est compris dans celui de la maçonnerie.

Les parements vus, en moellons ordinaires, seront exécutés, soit à joints irréguliers, soit par assises horizontales, suivant les prescriptions de l'ingénieur. Tous les joints en seront rejointoyés avec soin, au fur et à mesure de l'exécution.

Les moellons employés pour la maçonnerie intérieure de voûtes devront satisfaire aux conditions énoncées à l'article 20.

Ils devront être posés de manière à prolonger jusqu'à l'extrados de la voûte, suivant la coupe de cette voûte, les assises des voussoirs formant parement. A cet effet, on terminera chaque assise sur toute l'épaisseur de la voûte, aussitôt qu'on aura posé les voussoirs de parements correspondants.

On aura soin de diminuer le plus possible l'épaisseur des joints longitudinaux de la voûte, surtout dans le voisinage de la clef, et de réserver les plus beaux moellons pour cette partie.

Lorsqu'il sera prescrit à l'entrepreneur de ménager des barbacanes de petites dimensions dans l'intérieur des murs, il les exécutera sans augmentation de prix comme sans réduction dans le cube de la maçonnerie; l'intérieur de ces barbacanes sera soigneusement dressé et jointoyé.

Maçonnerie de briques. 110. — Les briques seront posées par assises réglées, horizontales, à joints croisés, conformément aux ordres de service et aux dessins d'appareil remis à l'entrepreneur.

Elles seront plongées, avant l'emploi, dans un baquet rempli d'eau, jusqu'à entière imbibition. Elles seront posées à bain soufflant de mortier fin et assujetties avec un maillet ou le manche de la truelle, de manière que le mortier reflue de toutes parts. Toute brique cassée ou fendue pendant la pose sera rejetée.

On les posera en long et en large pour former liaison en tous sens.

Les joints en parement auront de sept à huit millimètres de largeur; lorsque la maçonnerie de briques sera comprise entre des chaînes en pierre de taille, les joints des briques pourront, au besoin, être légèrement augmentés ou diminués, de manière qu'une assise de briques corresponde exactement à chaque assise de pierre de taille.

Pour les voûtes qui seront exécutées complétement en briques, l'entrepreneur sera tenu de se conformer aux instructions qu'il recevra de l'ingénieur, à l'effet d'obtenir une bonne liaison des maçonneries, en évitant de donner trop d'épaisseur aux joints.

Ragrément et rejointoiement. 111. — Après l'achèvement des maçonneries, les parements vus en pierre de taille, en moellons smillés, piqués et d'appareil ou en briques, seront ragréés avec soin et rejointoyés.

Le ragrément sera fait au moyen de la retaille sur place de toutes les petites saillies, bavures, etc., résultant des imperfections de la pose et qui sortiraient des plans généraux du parement, de manière à rendre la surface de ce parement aussi parfaitement régulière que possible.

Pour les rejointoiements, on commencera par dégrader au crochet le mortier des joints sur une profondeur d'au moins trois centimètres, et on mouillera les surfaces avec une brosse trempée dans du lait de chaux. On appliquera ensuite dans les joints du mortier fin un peu ferme, qu'on serrera fortement, et on enlèvera avec soin toutes les bavures. On laissera le mortier rejeter son eau et prendre une certaine consistance, puis on le refoulera et on le lissera à plusieurs reprises avec une spatule en fer, jusqu'à ce que le retrait occasionné par la dessiccation ne donne plus lieu à aucune gerçure; on aura soin de ne pas frotter le mortier ni trop vite, ni trop longtemps, jusqu'au point de le faire noircir.

Pour la pierre de taille, le moellon d'appareil et la brique, les surfaces de rejointoiement seront tenues de trois millimètres en retraite des parements et recevront le moins de courbure possible, afin que les arêtes soient bien nettes et bien apparentes. Pour le moellon smillé et piqué, la profondeur des joints devra être un peu plus forte.

Le rejointoiement des maçonneries de parement en moellons ordinaires consistera à serrer le mortier dans les joints avec la truelle à mesure de l'exécution du parement, et à recouper les bavures avec son tranchant ; ce travail est compris dans le prix de la maçonnerie.

Toutefois, les joints des douelles des voûtes en moellons ordinaires seront refouillés et rejointoyés comme ceux des parements en moellons smillés et piqués, et ce travail sera payé au même prix.

Le rejointoiement des douelles de voûtes devra toujours être fait immédiatement après l'achèvement de la chape.

L'ingénieur aura la faculté de prescrire le même travail pour des parements plans en moellons ordinaires ; mais ce travail, qui sera alors payé au prix du rejointoiement des moellons smillés, ne pourra avoir lieu que sur un ordre écrit de l'ingénieur ; si l'entrepreneur l'exécutait sans ordre exprès, il ne lui en serait tenu aucun compte.

L'entrepreneur sera tenu de recommencer à ses frais tous les jointoiements et rejointoiements qui auront été dégradés par la gelée ou par toute autre cause.

Chapes en béton et mortier.

112. — Pour empêcher l'infiltration des eaux au travers des voûtes, on les recouvrira d'une première couche de béton de cinq à neuf centimètres d'épaisseur, recouverte elle-même d'une couche d'un centimètre et demi de mortier de sable fin ou de ciment de tuileau, suivant les prescriptions de l'ingénieur.

Le gravier du béton de chape devra passer en tous sens dans un anneau de vingt-cinq millimètres de diamètre, et être parfaitement lavé et purgé de sable et de toutes autres matières étrangères.

La seconde couche des chapes pourra aussi être faite en bitume ou en ciment de Vassy.

Les chapes ne seront appliquées sur les voûtes qu'après le décintrement et le tassement complet des maçonneries. On aura soin, avant de placer le béton, de bien laver, nettoyer et aviver l'extrados à l'aide d'un balai en fil de fer et en jetant plusieurs seaux d'eau à la surface.

Après l'avoir épongée et avant qu'elle ait perdu toute humidité, on y appliquera le béton en le comprimant fortement avec des tapettes en bois.

Ce béton sera recouvert ensuite de la couche de mortier de sable fin ou de ciment ; enfin, quand le mortier aura pris assez de consistance pour résister à une légère pression du doigt, le maçon le lissera à plusieurs reprises à l'aide de la truelle. Après un repos de douze à quinze heures, il frottera de nouveau cette surface, et recommencera l'opération autant de fois qu'il sera nécessaire pour que la chape se dessèche complétement et durcisse sans présenter de gerçures.

On aura soin d'ailleurs de tenir, dans l'intervalle de ces opérations, la chape couverte et à l'abri du soleil et des fortes pluies, au moyen de paillassons convenables.

Dans le battage, on ne frappera jamais sur les fentes, mais toujours à une certaine distance, pour que le rapprochement et la soudure des bords viennent du fond et ne soient pas opérés seulement à la surface.

La surface entière de la chape sera, autant que possible, exécutée sans interruption, et, pour ainsi dire, d'un seul jet; lorsqu'on sera obligé de l'exécuter par reprises successives, on aura soin de recouper les bords de la partie déjà posée suivant un talus bien allongé, qui sera nettoyé bien à vif et légèrement arrosé; le nouveau mortier sera appliqué sur ce talus et fortement massivé, de manière à opérer une soudure parfaite.

Toutes les chapes seront relevées verticalement sur leurs bords le long du parement intérieur des tympans, et seront d'ailleurs arrondies en moraines dans l'angle que formeront ces retours; on leur donnera, en long et en travers, les pentes prescrites.

Chapes et dallages en mastic minéral.

113. — Le mastic minéral ou bitumineux sera employé soit en dallages pour trottoirs, soit en chapes.

Ces dallages et ces chapes auront, en général, une épaisseur de douze à quinze millimètres.

Dans les dallages, le mastic devra être bien ferme et bien résistant, et être tel, d'ailleurs, que, sous l'action des plus fortes gelées, il ne devienne ni friable ni cassant, et ne se gerce ni ne se fende, et que, sous l'action du soleil le plus ardent, le passage des piétons et des hommes le plus lourdement chargés n'y détermine aucune dépression et n'y laisse aucune trace ni empreinte.

Dans les chapes, le mastic sera un peu plus gras et renfermera un peu plus de goudron; sans être mou, et tout en étant bien résistant, il devra cependant être assez souple et ductile pour obéir et se prêter à tous les mouvements des maçonneries et constructions sur lesquelles il sera posé, sans qu'il se sépare ou se déchire, et sans qu'il s'y manifeste la moindre gerçure ou fissure.

Le dosage et le mélange des matières destinées à composer le mastic bitumineux sera fait en présence des agents de l'Administration et conformément aux proportions prescrites par l'ingénieur.

Ce mastic ne sera employé que sur des mortiers ou bétons parfaitement secs et dont la surface aura été préalablement dressée, piquée et nettoyée avec le plus grand soin. Il devra être bien fondu et parfaitement homogène.

On le coulera par bandes de 0^m,75 environ, entre des règles ou des cerces de fer de l'épaisseur voulue; puis on l'étendra avec une spatule en bois, et on le nivellera à l'aide d'une règle, de manière à ce qu'il présente une surface parfaitement unie.

Toute partie qui, dans cette opération, se déchirerait ou se boursouflerait, sera immédiatement refaite.

Les coulées successives devront être parfaitement soudées ensemble et ne présenter aucune fissure. A cet effet, on devra échauffer et fondre l'extrémité de la coulée précédente, en plaçant contre cette extrémité un fort bourrelet de matières très-chaudes; le battage sera fait ensuite avec le plus grand soin.

Pour la confection des chapes, on aura, en outre, la précaution d'étendre, partout où devra se faire la réunion de deux coulées, une couche de bitume de six millimètres d'épaisseur et de cinquante centimètres de largeur, de manière que la ligne de contact des deux coulées occupe le milieu de cette couche. Cette opération ne donnera lieu à aucune augmentation du prix de façon.

Crépis et enduits.

114. — On entendra, savoir :

1° Par crépis ordinaires, des couches de mortier appliquées et fouettées à la truelle contre les murs ;

2° Par crépis mouchetés, des couches entièrement fouettées au balai ;

3° Par enduits, les couches qui seront unies et posées à la taloche.

Quel que soit le crépi ou l'enduit à exécuter, les parements sur lesquels il devra être appliqué seront, ainsi que leurs joints, préalablement râclés et grattés à vif, puis lavés à grande eau.

On fouettera ensuite à la truelle ou au balai une couche préparatoire de mortier très-clair, de manière que ce mortier s'attache à la maçonnerie et pénètre dans tous les joints.

Les crépis ou enduits seront toujours appliqués avant que cette couche préparatoire soit sèche ; lorsqu'ils devront être formés de deux couches, la première sera recouverte pendant qu'elle est encore fraîche et sera, d'ailleurs, recoupée avec le bout de la truelle de manière à assurer une parfaite liaison ; l'épaisseur de ces couches sera de huit millimètres pour la première et de cinq millimètres pour la seconde.

Pour les crépis ordinaires à une ou deux couches, le mortier de chaque couche sera fouetté avec force à la truelle, relevé et repris dans les parties trop épaisses, et fouetté de nouveau jusqu'à ce que le crépi ait un aspect bien régulier : le tout sans aucun lissage.

Pour les crépis mouchetés, le mortier sera entièrement fouetté au balai, en repassant plusieurs fois sur les mêmes parties jusqu'à ce que la couche ait l'épaisseur prescrite et de manière que la surface soit bien régulièrement et uniformément mouchetée.

Dans les enduits, la dernière couche sera étendue à la truelle, dressée et lissée avec la taloche de plâtrier légèrement relevée sur les bords.

Les crépis ou enduits qui seraient tombés, et ceux qui se seraient soulevés, fendillés ou auraient éprouvé une avarie quelconque, seront recommencés par l'entrepreneur et à ses frais.

En général, on n'exécutera à l'extérieur que des crépis fouettés ou mouchetés ; les enduits ne seront employés que dans l'intérieur des bâtiments.

Maçonnerie de moellons avec mortier de ciment.

115. — Le mortier de ciment employé à la maçonnerie de moellons sera, sauf prescriptions contraires données par écrit par l'ingénieur, composé de deux parties de ciment en poudre et de cinq parties de sable en volume.

Le mortier sera préparé avec les soins prescrits ci-dessus.

Les moellons, avant d'être employés, seront parfaitement nettoyés et lavés à grande eau au moyen de brosses en chiendent.

Les endroits où la maçonnerie devra être posée seront nettoyés, dégradés, brossés et lavés pour faciliter l'adhérence. Cette opération terminée, on gâchera la quantité de mortier dont on aura besoin, et on l'emploiera à poser à bain de mortier les matériaux lavés, en les tassant pour les affermir, pendant que le mortier est mou, afin que celui-ci remplisse bien tous les interstices.

Il est expressément interdit de tasser les matériaux et de frapper les maçonneries après la prise du ciment.

Pendant tout le cours de l'exécution, l'ouvrier doit entretenir la maçonnerie dans un état complet de propreté, en ayant soin d'enlever avec la brosse les parcelles de mortier écrasé, les éclats de pierre et les autres détritus.

Avant de continuer la maçonnerie de la veille, on nettoiera, brossera et lavera la surface de contact, l'ancienne maçonnerie sera mise à vif, et l'on enlèvera avec soin les détritus et la poussière qui pourraient empêcher la soudure.

Rocaillages ordinaires.

116. — Les parements rocaillés seront faits avec des moellons bruts ou quelquefois smillés grossièrement ; on remplira les grands joints et les défauts formés par les irrégularités des moellons au moyen de petits garnis de moellons concassés.

Le rocaillage des maçonneries nouvelles ou anciennes sera exécuté de la manière suivante : On dégradera les joints jusqu'au mortier solide que l'on mettra à vif ; on le lavera et brossera de manière à enlever toute espèce de détritus, puis on garnira les joints avec du mortier frais, dans lequel on enfoncera les petits garnis de moellons concassés que l'on aura eu soin de bien nettoyer, laver et brosser.

Les rocaillages seront exécutés, sauf prescription contraire de l'ingénieur, avec du mortier de ciment.

Rocaillages pour enduits.

117. — Les surfaces de maçonnerie qui doivent recevoir un enduit de ciment seront préalablement dégradées, brossées, lavées et rocaillées.

Cette préparation consiste à dégrader les joints jusqu'au mortier solide mis à vif, à repiquer les surfaces trop lisses des pierres qui seraient en contact avec l'enduit, à enlever avec le balai et la brosse les éclats, la poussière et toutes les parties détachées, à laver à grande eau de manière à enlever tous les détritus, à humecter la maçonnerie, à éponger ou à enlever l'eau qui reste apparente, et enfin à remplir les joints de mortier d'enduit et de petites pierres bien nettes, propres et lavées.

Enduits de ciment.

118. — La surface à enduire ayant été, par le procédé indiqué à l'article précédent, rendue régulière, mais couverte d'aspérités formées par les petites pierres qui resteront apparentes et saillantes, on placera les repères qui doivent servir à déterminer pour l'exécution, l'épaisseur, la surface et la pente de l'enduit.

Le mortier d'enduit de ciment sera composé de parties égales en volume de ciment en poudre et de sable tamisé.

Pour les grandes surfaces telles que les radiers, les murs en élévation, etc., les repères seront des lignes divisant la surface en bandes de 2 mètres (2^m,00) de largeur au plus ; pour les petites surfaces, on dressera les arêtes qui serviront de lignes de repère. Les lignes de repère seront dressées avec du mortier d'enduit, suivant les pentes, les épaisseurs et les courbes à obtenir.

Chaque gâchée de ciment devra servir à faire une pièce de l'enduit. Les bords de chaque pièce seront dressés en biseau.

La place à occuper par une gâchée étant propre, nette et mouillée, le mortier sera foulé vivement avec le dos de la truelle, surtout sur les bords, afin de le faire pénétrer partout, et de bien assurer la soudure avec les parties voisines.

Sur les surfaces verticales, le mortier d'enduit sera projeté à la truelle et refoulé à la taloche, l'on fera autant que possible l'enduit de bas en haut.

Sur les surfaces de douelles ou d'intrados de voûtes, le mortier sera également projeté à la truelle; on se servira en outre de la taloche pour refouler vers la soudure.

Lorsque le mortier d'enduit sera bien foulé à sa place, et réglé préalablement avec le tranchant de la truelle, on dressera définitivement sa surface avec le tranchant d'une règle en bois, que l'on fera glisser sur les lignes de repère.

Toutes ces opérations devront être faites avant la prise du mortier. Lorsque l'on reprendra un enduit commencé, les bords des pièces devront être mis à vif et mouillés. La surface d'un enduit bien fait est rugueuse.

Si l'ingénieur juge nécessaire de donner à la surface de l'enduit un meilleur aspect, on la passera à la truelle brettelée.

Cette opération ne sera, dans tous les cas, exécutée que lorsque l'enduit sera tout à fait pris.

Maçonnerie de briques avec mortier de ciment.

119. — La maçonnerie de briques avec mortier de ciment sera exécutée comme celle indiquée à l'article 110 ci-dessus. Le mortier sera composé de parties égales en volume de ciment en poudre et de sable tamisé.

Les précautions de lavage et de brossage pour enlever la poussière et les détritus seront observées avec le plus grand soin, comme il a été prescrit à l'article 115.

Précautions générales pour l'emploi du mortier de ciment.

120. — On ne devra jamais employer de ciment qui commence à durcir.

Lorsque le mortier est en place et qu'il s'échauffe, on devra cesser immédiatement de le fatiguer, soit avec la truelle, soit en cherchant à y enfoncer des pierres.

On ne devra jamais chercher à lisser de mortier de ciment avec le plat de la truelle.

Le mortier de ciment ne devra être travaillé qu'avec le tranchant de la truelle.

Maçonnerie de remplissage à pierres sèches.

121. — La maçonnerie de remplissage à pierres sèches devra être exécutée avec le plus grand soin. Les moellons seront posés de manière à être bien assis et à se toucher par les grandes faces; ils seront assujettis à coups de marteau, et les vides seront soigneusement remplis avec des éclats de pierre.

Les pierres destinées à former parement intérieur seront grossièrement équarries au marteau, sans augmentation de prix pour main-d'œuvre, de manière à permettre un dressement exact des maçonneries. On réservera, pour cela, les moellons les plus gros et les plus réguliers. On n'emploiera, dans les maçonneries à pierres sèches, que des moellons durs et non gélifs.

Les prix portés à la série pour la maçonnerie à pierres sèches comprennent toute façon et main-d'œuvre pour parement caché, tant des murs de soutènement que des contre-forts, et pour exécution de pierrées d'assèchement, y compris le cassage grossier des matériaux, lorsqu'il sera demandé, et la façon des petits aqueducs à pierres sèches au fond des pierrées, pour entourer les drains; mais le vide de ces petits aqueducs sera compté comme plein dans l'évaluation du cube de la maçonnerie de remplissage.

Maçonnerie de parement à pierres sèches, pour perrés bruts en défense de rives.

122. — Les perrés bruts pour défense de rives seront exécutés avec le même soin que la maçonnerie de remplissage à pierres sèches. Les moellons seront posés de manière que leur plus grande dimension soit normale au talus. Ils seront bien

assujettis au marteau, et les vides seront soigneusement remplis avec des éclats de pierre.

Les perrés devront, après leur achèvement, présenter en masse des surfaces planes ou courbes bien régulières.

L'épaisseur de ces perrés sera établie suivant les ordres de service remis en cours d'exécution.

Placages. 123. — Les placages seront exécutés au moyen de moellons posés à plat sur la surface des talus préalablement bien dressée. Les moellons seront posés à joints perdus, de manière à former mosaïque, quand la forme de la pierre s'y prêtera. Les moellons dits têtes-de-chiens, employés en placage, seront posés le plus jointivement possible et également à joints perdus.

Les pierres seront bien assises et solidement affermies sur le talus. Elles seront au besoin calées en queue et jamais sur le parement. Il ne pourra être interposé de terre ou de sable entre elles au moment de la pose.

Les joints des placages seront garnis de boutures d'osier. L'Administration se réserve le droit de faire exécuter cette plantation en régie, si elle le juge convenable.

Maçonnerie de parement à pierres sèches en moellons ordinaires épincés. 124. — Cette maçonnerie sera exécutée en moellons ordinaires grossièrement équarris sur la tête et sur les joints. Ces moellons auront $0^m,25$ de queue moyenne, et on placera par mètre superficiel au moins deux moellons ayant $0^m,40$ d'épaisseur, ou l'épaisseur de la maçonnerie si elle est inférieure à $0^m,40$. Le prix de ces moellons est implicitement compris dans celui de la maçonnerie.

Les moellons seront calés à l'intérieur, et, de plus, assujettis et fortement serrés les uns contre les autres au moyen d'éclats de pierre, formant coins, chassés au marteau dans tous les joints ouverts. Le garnissage extérieur sera fait au fur et à mesure qu'on aura exécuté une surface d'environ deux mètres carrés.

Après leur achèvement, ces maçonneries devront présenter des surfaces planes ou courbes bien régulières, sans flaches ni parties saillantes, et des arêtes convenablement dressées.

L'exécution des perrés exigera quelques précautions spéciales.

La première assise s'engagera de dix à quinze centimètres dans l'enrochement servant de fondation.

Les moellons seront posés régulièrement et suivant un plan normal au rampant des talus, dans toute l'épaisseur assignée aux perrés.

Quand le couronnement des perrés devra se trouver au niveau d'une banquette empierrée ou pavée, les pierres du couronnement seront posées de champ, en hérisson, et affermies avec le plus grand soin ; elles seront épincées de manière à présenter une face dans le plan des perrés et une face dans le plan de la banquette. Cette sujétion ne donnera lieu à aucune augmentation de prix, et la surface des perrés sera mesurée suivant le plan de ces perrés, sans tenir compte de la face vue dans le plan des banquettes.

Les perrés ne seront élevés que par portions successives d'un ou deux mètres de hauteur. Lorsqu'une partie sera construite, on interrompra le travail, et, avant de le reprendre, on laissera écouler l'intervalle de temps nécessaire pour que le tassement s'opère par degrés.

Il est expressément défendu de répandre de la terre sur la surface des perrés avant la réception du travail.

Maçonnerie de parement à pierres sèches en moellons smillés.

125. — La maçonnerie de parements à pierres sèches en moellons smillés sera exécutée par assises régulières, avec le même soin que la maçonnerie de parement en moellons smillés avec mortier.

Toutes les autres prescriptions indiquées à l'article précédent pour la maçonnerie en moellons ordinaires épincés sont applicables à cette espèce de maçonnerie.

Enrochements.

126. — Les moellons bruts pour enrochements devront être emmétrés avec soin sur la berge et reçus avant l'emploi.

On jettera les moellons à la main et avec soin, de manière à faire prendre aux massifs la forme fixée par les dessins et par les ordres de service, et on vérifiera souvent cette forme par des sondages. On commencera, dans tous les cas, par former le pied des enrochements du côté du large.

Les enrochements échoués hors des limites fixées ne seront pas comptés et seront, s'il y a lieu, enlevés aux frais de l'entrepreneur.

Les enrochements à sec ou à moins de $0^m,25$ sous l'eau seront arrangés avec soin à la main et à la pince; ils seront posés en bonne liaison, serrés au marteau et calés, tant à l'intérieur qu'à l'extérieur, de manière à être aussi jointifs et aussi serrés que possible; les vides seront garnis avec du gravier ou de la menue pierraille toutes les fois que l'ordre en sera donné; la surface aura exactement les formes prescrites et ne devra présenter aucune aspérité.

Exécution des pavages.

127. — Pour les chaussées ou les caniveaux en pavés, aussitôt que l'encaissement aura été convenablement préparé, suivant les pentes et le bombement fixés, on répandra et on réglera une couche de sable de $0^m,25$ d'épaisseur.

On commencera par poser les bordures, s'il y a lieu; elles seront établies suivant les alignements et pentes déterminés, bien de niveau d'un bord à l'autre, affermies au marteau et garnies de sable dans leurs joints.

On posera ensuite les pavés par rangées droites et d'une largeur uniforme, perpendiculaires à l'axe de la route ou du ruisseau. Ces pavés seront en liaison de la moitié de leur parement d'un rang à l'autre, joints en bout et en rive et soigneusement garnis de sable.

Au fur et à mesure de la construction, un ouvrier dressera le pavé en le battant avec une hie du poids de 20 kilogrammes, jusqu'à ce que la percussion ne produise plus aucun tassement.

L'entrepreneur devra remplacer sans délai les pavés qui s'écraseraient ou se fendraient par l'effet de cette main-d'œuvre, et réparer les flaches qu'elle produirait.

Enfin, après la visite du pavage, et sur l'ordre de l'ingénieur ou du conducteur des travaux, il sera répandu sur la surface une couche de sable de trois centimètres d'épaisseur.

Les soins indiqués ci-dessus s'appliqueront à l'exécution des pavés de blocage, comme à celle des pavés d'échantillon.

Le sable destiné à l'exécution des pavages sera emmétré et reçu avant l'emploi.

Chaussées d'empierrement.

128. — Dans les parties en déblai, la plate-forme pourra être exécutée de suite, suivant le profil définitif de l'encaissement; mais, dans les parties en remblai, on la réglera d'abord suivant une surface horizontale, et, lorsque le tassement sera opéré,

on dressera la surface suivant le profil prescrit en réglant les déblais sur les accotements. Cette main-d'œuvre est comptée dans le prix des empierrements.

Les chaussées d'empierrement auront de quinze à trente centimètres d'épaisseur; elles seront en une ou deux couches, suivant les prescriptions de l'ingénieur.

Les chaussées à deux couches comprendront une première dite de fondation, en moellons ordinaires non gélifs, grossièrement concassés, posés et bien serrés à la main et au marteau en forme de pavé renversé, et une deuxième couche en pierres cassées ou en gravier.

Les matériaux d'empierrement seront généralement emmétrés sur l'un des accotements dressé et réglé à l'avance, en un seul cordon de 0^m,50 de hauteur.

Après que la réception en aura été régulièrement faite, ces matériaux seront répandus et régalés avec soin dans l'encaissement, puis on recouvrira la chaussée d'une couche de sable de deux centimètres d'épaisseur.

La liaison sera obtenue par l'emploi d'un rouleau compresseur, dont le poids pourra être porté successivement à 6,000 kilogrammes et au delà.

Le cylindrage et la fourniture des matières d'agrégation seront exécutés et payés en régie; l'entrepreneur devra, toutes les fois qu'il en sera requis, fournir les chevaux nécessaires pour ce travail.

§ 3. — CHARPENTES ET FERRONNERIE.

Charpentes pour fondations.

129. — Les pieux de fondations seront en chêne, sapin ou hêtre, grossièrement équarris ou simplement écorcés, suivant les prescriptions de l'ingénieur.

Les palplanches, moises, chapeaux et autres pièces de charpente pour fondations, seront également en chêne, sapin ou hêtre, suivant les ordres de service. Ces pièces seront débitées à la scie.

Les extrémités des pieux et palplanches seront affûtées et garnies de sabots conformes au modèle admis par l'ingénieur; au moment du battage, leurs têtes seront garnies de frettes qu'on enlèvera après le battage terminé, et qui ne seront pas portées en compte, cette dépense étant comprise dans les faux frais de l'entreprise.

Les pieux seront réputés battus au refus, lorsque, sous une volée de 25 coups d'un mouton pesant 300 kilogrammes tombant librement d'une hauteur de 1^m,25 au moins, ils n'auront augmenté leur fiche que de cinq millimètres.

Les pieux devront être battus au refus ou de manière à prendre la fiche qui sera déterminée pour chaque point; on les battra avec les soins nécessaires pour les mettre et les maintenir en la place qui leur aura été assignée.

Tout pieu battu hors ligne ou brisé par le battage devra être arraché, et un nouveau pieu sera rétabli à l'emplacement désigné, aux frais de l'entrepreneur. Il en sera de même pour les pieux déversés, s'ils ne peuvent être ramenés à la position normale au moyen d'étançons et de cordages.

Les moises entre lesquelles on doit battre les palplanches seront boulonnées sur les pieux soigneusement redressés, en cas de besoin, comme il est dit ci-dessus.

Les palplanches auront au moins 0^m,25 de largeur; leur fiche sera généralement inférieure de 0^m,50 à celle des pieux et précisée d'ailleurs par des instructions données en cours d'exécution.

L'emplacement des pieux sera bien vérifié; le nombre et la largeur des palplanches, qui doivent exactement remplir les intervalles laissés entre ces pieux, seront déterminés en conséquence, et on retaillera, au besoin, les palplanches extrêmes pour assurer leur juxtaposition avec les pieux.

Les palplanches qui doivent garnir chaque intervalle entre les pieux seront ensuite présentées ensemble ; elles seront maintenues par des moises volantes. On les battra avec précaution, en passant de l'une à l'autre, afin qu'elles enfoncent également et progressivement, et de manière à présenter dans l'étendue de chaque tableau, du haut en bas, un parement exact et sans gauchissement après le battage.

Toute palplanche qui se brisera sous le choc du mouton sera remplacée aux frais de l'entrepreneur.

Les recépages qui seraient à faire sous l'eau devront, comme ceux à exécuter au jour, présenter un niveau parfait, surtout quand les pieux recevront des chapeaux ou des grillages.

Les vannages en bois blancs seront bien jointifs, et les panneaux seront découpés de manière à bien s'appuyer sur le fond de la fouille repéré convenablement à cet effet.

Charpentes pour ouvrages d'art.

130. — Toutes les pièces de charpente, après avoir été taillées, assemblées, ajustées et montées sur l'épure, ainsi qu'il a été dit à l'article 35, seront levées et mises en place avec les machines, engins et agrès appropriés à chaque cas.

Lorsque ces pièces formeront des fermes ou un ensemble quelconque susceptible de se maintenir assemblé et ne présentant pas un poids trop considérable, on les lèvera montées et assemblées ; on ne les démontera qu'en cas d'absolue nécessité et de manière à maintenir toujours assemblées le plus grand nombre de pièces possible.

En tout cas, tous les assemblages démontés seront réajustés dans la pose avec les mêmes soins et précautions que sur l'épure ; les tenons, abouts, boulons, etc., seront présentés dans les mortaises, embrèvements, entailles, trous, etc., qui doivent les recevoir et seront enfoncés et serrés à coups de masse ; toutes les pièces seront d'ailleurs raidies de manière à former un tout dont toutes les parties soient parfaitement solidaires et travaillent ensemble.

Pour empêcher la pénétration réciproque des bois, des feuilles de tôle bien dressées, de trois millimètres d'épaisseur, seront interposées entre les abouts des pièces qui buteront par bout les unes contre les autres ; ces abouts seront, d'ailleurs, bien dressés et varlopés avec soin.

La butée contre les maçonneries aura lieu, suivant les cas et selon ce qui sera prescrit, soit par l'intermédiaire de semelles ou de poteaux en bois, soit au moyen de siéges, coussinets ou sabots en fonte encastrés dans les maçonneries et dans lesquels les extrémités des pièces seront engagées et ajustées avec précision et porteront bien carrément.

Après la pose achevée, toutes les pièces devront occuper exactement la place qui leur est assignée, et de manière que toutes les faces qui devront appartenir à une même surface se dégauchissent parfaitement.

Les madriers pour platelages supérieurs seront jointifs ; ceux des platelages inférieurs devront laisser entre eux un vide de $0^m,02$ pour la circulation de l'air.

Portes d'écluses et autres charpentes destinées à retenir l'eau.

131. — Tous les ouvrages de charpente destinés à retenir l'eau, tels que portes d'écluses et de pertuis, fermetures de barrages, ventelles, etc., seront toujours exécutés avec des bois de premier choix et assemblés avec la plus rigoureuse précision.

Ils ne seront montés et mis en place qu'après avoir successivement présenté leurs différentes parties contre les chardonnets, heurtoirs, coulisses, etc., et s'être assuré qu'elles s'y appliquent bien exactement et bien jointivement.

Les poteaux-tourillons seront ajustés avec le plus grand soin sur leurs crapaudines et dans leurs colliers, de manière à tourner autour d'un axe bien vertical et de telle sorte que leur jeu de rotation soit très-doux et s'opère avec facilité.

Les poteaux busqués devront être taillés et ajustés avec une précision telle que, sous la charge que les portes auront à supporter, ils soient amenés à un contact parfait et à un serrage bien uniforme sur toute la longueur et sur toute la largeur de leur face de butée, au moment précis où les poteaux-tourillons et les traverses inférieures viennent s'appliquer et se serrer contre les faces des chardonnets et des heurtoirs.

A moins d'ordre contraire, les bordages seront bien jointifs sur toute leur épaisseur.

Les ventelles seront ajustées bien exactement dans leurs coulisses, de manière à fermer parfaitement les orifices d'écoulement, et de manière qu'elles se meuvent avec facilité.

Les tirants, frettes, équerres, boulons, colliers, crapaudines, coulisses et autres ferrures, seront posés et ajustés avec une précision parfaite.

Après la pose achevée, les portes d'écluses et autres ouvrages de même nature devront être complétement étanches.

Les différentes couches de goudronnage ou de peinture seront appliquées suivant les prescriptions de l'ingénieur avant ou après la pose, sauf dans les assemblages, joints et autres faces cachées, où elles seront toujours appliquées avant la pose.

Cintres.

132. — Pour toutes les espèces de voûtes, l'entrepreneur sera tenu de fournir des cintres conformes aux dessins remis en cours d'exécution et d'en faire la pose.

Les ordres de service détermineront les dimensions des bois, la forme des assemblages, la tolérance des flaches, le nombre des ferrures, enfin tout ce qui sera relatif aux cintres, tant pour leur construction et leur pose que pour l'opération du décintrement.

Ouvrages de menuiserie.

133. — Les ouvrages de menuiserie consisteront principalement en planches, plinthes, lambris, cloisons, portes, croisées, impostes, contrevents, persiennes, marches et mains-courantes d'escaliers, etc.

Tous ces bois seront travaillés, assemblés et finis, de manière à satisfaire aux conditions de l'article 37.

Dans la composition et la confection de chaque ouvrage, on se conformera rigoureusement aux dimensions, formes, profils, coupes et modes d'assemblages qui seront ordonnés par l'ingénieur.

Tous les ouvrages seront mis en place et ajustés avec une très-grande précision à la demande de l'emplacement qu'ils doivent occuper, bien de niveau ou d'aplomb.

Les châssis dormants et toutes les menuiseries à demeure seront appliqués et fixés bien solidement et bien jointivement contre les parois ou dans les refouillements des maçonneries et charpentes qui doivent les recevoir.

Les portes, croisées, persiennes et autres parties mobiles fermeront parfaitement et aussi hermétiquement que possible les baies auxquelles elles sont destinées; elles n'auront que le jeu strictement nécessaire pour qu'elles s'ouvrent et se ferment avec facilité; les croisées se fermeront à noix et à gueule de loup.

Dans tous les ouvrages, les parties qui viendraient à prendre du jeu, à se voiler ou à se gonfler, seront remplacées par l'entrepreneur et à ses frais.

Assemblage et pose des fers et des fontes.

134. — Toutes les pièces de fer et de fonte seront travaillées avec le plus grand soin, et selon les ordres de l'ingénieur, conformément aux formes, dimensions et assemblages prescrits.

Toutes ces pièces seront assemblées à l'usine, où les agents de l'administration pourront en surveiller la fabrication; chaque pièce sera ensuite numérotée pour être posée facilement. L'entrepreneur sera responsable des vices de la pose, non-seulement pour les ferrures, mais encore pour les pièces auxquelles elles s'appliqueraient, et dont le remplacement à ses frais pourra être exigé dans le cas où ces vices leur auraient fait éprouver une dégradation notable.

Pièces de forge.

135. — Les pièces de forge seront chauffées avec toutes les précautions nécessaires pour ne pas brûler les fers ni altérer leur qualité; le martelage sera, d'ailleurs, opéré de manière à rendre à ces fers toute leur compacité et leur nerf primitif, et de manière, en outre, à les renforcer dans toutes les parties qui devront le plus fatiguer, notamment dans les angles des pièces coudées; les pièces d'épaisseur ou de largeur variable, ou portant des saillies, telles que têtes de boulons, embases, épaulements, etc., seront uniquement obtenues par voie de refoulement, et non au moyen de pièces rapportées et soudées; toutes les pièces de forge, après avoir été préparées au marteau, seront soigneusement finies et ajustées à la lime.

Les boulons et les écrous seront taraudés avec le plus grand soin. Ils seront exactement conformes aux modèles agréés par l'ingénieur.

Tous les fers à serrage seront préalablement huilés à la forge.

Toutes les pièces employées comme accessoires pour relier, consolider ou renforcer les charpentes et autres ouvrages d'art, seront bien exactement ajustées à la demande de l'emplacement qu'elles doivent occuper, et de manière à remplir complétement leur destination.

Tôles et fers spéciaux.

136. — Les tôles seront parfaitement dressées et coupées carrément.

Les tranches des côtés découverts des tôles et couvre-joints seront dressées de manière à présenter des lignes régulières.

Ces tranches seront franches sur toute l'épaisseur et ne devront présenter ni déchirure ni manque de matière.

Les tranches de toutes les pièces, tôles, fers, cornières, etc., dans les parties où les jonctions bout à bout devront avoir lieu, seront dressées à la machine à raboter, de manière à assurer sur toute la surface du joint un contact parfait. On devra adoucir à la lime les arêtes des feuilles de tôle après l'affranchissement par cisailles, afin qu'aucune irrégularité n'empêche la parfaite juxtaposition des couvre-joints.

Des axes mathématiques, déterminés chacun par des coups de pointe, seront établis au milieu de chaque feuille de tôle, et serviront à repérer exactement les lignes de rabotage et les alignements des trous. Les cornières, fers à **T** et autres, seront pliés sur des calibres en fonte; pour éviter de brûler ces fers, on devra les chauffer, autant que possible, au four et non à la forge.

Le perçage de toutes les pièces devra être fait d'une manière régulière.

Les fers percés seront complétement ébarbés des deux côtés, de façon qu'ils puissent s'appliquer parfaitement les uns sur les autres.

La tolérance pour l'irrégularité du perçage d'un trou à l'autre sera au maximum d'un millimètre, et pour la feuille entière de deux millimètres.

Il est accordé une tolérance de deux millimètres dans l'alignement des trous, c'est-à-dire que leurs centres devront se trouver entre deux parallèles distantes de deux millimètres. Ces lignes devront être exactement parallèles aux tranches rabotées, à moins d'ordres contraires.

Les rivures près des joints devront être disposées de manière à provoquer le serrage des tôles en contact. Le contact des tranches devra être parfait, sinon la rivure pourra être refusée.

Les cornières, doublures et couvre-joints devront, dans l'intervalle des rivets, être parfaitement appliqués sur les tôles et fers qu'ils recouvrent, même dans les parties où se présenteront des changements d'épaisseur et ce, de façon à épouser exactement toutes les irrégularités de la superficie. Dans le cas où ce résultat ne serait pas obtenu, les rivures pourront être refusées.

Les trous relatifs à un même rivet dans les tôles et fers superposés devront correspondre exactement d'une pièce à l'autre. Il sera néanmoins accordé une tolérance d'un millimètre au plus d'excentricité, à la condition de faire disparaître cette différence à l'équarrissoir.

Si l'excentricité est plus considérable, et si, en raison de certaines circonstances dont l'ingénieur sera seul juge, les tôles et fers présentant ce défaut ne sont pas refusés, le constructeur ne pourra mettre le rivet que lorsque l'ingénieur lui aura prescrit la manière dont le trou doit être modifié.

La rivure devra être précédée du serrage des tôles et des fers superposés; elle devra, en outre, être opérée de manière qu'aucun déversement ne se produise dans le corps du rivet ou dans la tête de la rivure.

Les rivets devront être préparés avec un diamètre plus petit d'un millimètre que celui des trous.

Les rivets seront chauffés au rouge blanc; ils seront appliqués à cette température et travaillés de manière à serrer fortement les fers et tôles à assembler.

Les têtes devront être bien centrées. La tête obtenue par la rivure sera nourrie à la naissance et ébarbée; elle ne sera ni criquée ni fendue.

Les rivets seront chauffés au four. Les fours seront placés près des ouvriers, pour éviter le refroidissement dans le transport entre les fours et l'ouvrage.

Le chauffage à la forge ne sera pas admis dans l'atelier de construction. On ne pourra y recourir que pour les travaux partiels isolés, sur les points où les rivets des fours ne pourraient arriver suffisamment chauds.

Les rivures se feront soit à la bouterolle avec un marteau à devant, soit à la machine à river. Il ne sera autorisé aucune rivure par le petit marteau de chaudronnier, ni aucun écrasement direct des rivets à l'aide du marteau à devant ou avec une chasse-plate, à moins qu'il ne soit impossible d'éviter l'emploi de ces instruments. Les rivoirs et la forme de la bouterolle devront être approuvés par l'ingénieur.

La nature des travaux ci-dessus décrits sera considérée comme étant exclusivement du genre de la construction des machines et exigeant la même rectitude de montage et d'assemblage, et non comme étant du genre des travaux de chaudronnerie.

Dans le montage à l'atelier, on emploiera des serre-joints suffisants pour obtenir le contact parfait des fers juxtaposés par la tranche ; on prendra toutes les précautions nécessaires pour ne pas les déranger à la rivure.

Le travail à la rivure sur les pièces montées sera suivi de façon à n'entraîner aucun gondolage ou déformation dans l'ensemble des parois, afin que les lignes et surfaces présentent exactement la forme et la continuité définies par les dessins des ouvrages.

L'assemblage et la rivure sur le lieu de pose seront faits par des ouvriers spéciaux, habitués à ce genre de travaux. L'ajustage et la pose de toutes les pièces devront d'ailleurs être faits avec la plus grande exactitude. L'entrepreneur sera responsable de tous les vices de la pose, de même qu'il est chargé de tous les détails de l'exécution.

Au moment de ce montage, l'ingénieur pourra faire une nouvelle vérification des pièces et écarter celles qui seraient défectueuses.

Fontes.

137. — Toutes les pièces de fonte auront bien exactement les formes et dimensions qui seront prescrites.

Les trous pour les assemblages de ces pièces, soit entre elles, soit avec les fers, seront forés à froid, alésés soigneusement, et exécutés avec les dimensions strictement nécessaires, de manière qu'il n'y ait aucune espèce de jeu et de vacillement dans ces assemblages.

Toutes les pièces portant ou butant les unes contre les autres seront parfaitement rabotées et polies dans leurs joints, de manière à se toucher sur toute l'étendue de leurs faces de contact.

Seront également rabotées et polies avec le plus grand soin les faces de glissement des pièces destinées à faciliter le jeu de la dilatation.

Lorsqu'il y aura lieu d'employer des tuyaux de fonte pour aqueducs, ils seront à section circulaire, d'épaisseur uniforme, et conformes au modèle agréé par l'ingénieur. On rejettera ceux dont l'épaisseur, au lieu d'être uniforme, serait trop faible de deux millimètres d'un côté, ou ceux dont la section serait elliptique et dont la différence des diamètres, soit intérieurs, soit extérieurs, excéderait trois millimètres. Tous les tuyaux seront essayés dans les fonderies sous une charge équivalente à 100 mètres de hauteur d'eau, obtenue par une pompe de pression.

Tous les tuyaux seront assemblés à emboîtement. L'intervalle compris entre la surface extérieure du tuyau mâle et la surface intérieure du tuyau femelle sera rempli de filasse ou de corde goudronnée sur la moitié de la longueur de l'emboîtement, et de plomb fondu sur le reste de la longueur. On comprimera et matera fortement à coups de marteau l'anneau de plomb coulé ; entre les bouts, on ménagera un centimètre de jeu pour les dilatations.

Si les aqueducs doivent former siphons, avant de les couvrir par les remblais, on s'assurera de l'état des joints en bouchant les deux orifices, et leur faisant supporter, au moyen d'une petite pompe, une charge équivalente à la pression d'une colonne d'eau de 10 mètres au moins de hauteur.

Serrurerie et quincaillerie.

138. — Tous les objets de serrurerie et de quincaillerie proviendront des meilleures fabriques et seront de première qualité. Ils seront parfaitement conformes aux modèles prescrits.

Ils seront ajustés avant d'être mis en œuvre, et posés avec la plus grande précision, suivant toutes les règles de l'art.

Toutes les serrures seront polies intérieurement, noircies extérieurement pour les portes d'entrée ou de cave, polies ou bronzées extérieurement pour les portes intérieures.

Toutes seront assorties d'écussons, de crampons, de gâches, de clefs, etc.; elles seront, ainsi que les gâches, attachées et fixées avec des vis; leurs pênes et ressorts seront bien limés; leur mouvement sera doux, facile et liant.

Scellements.

139. — Les scellements dans la pierre se feront, soit au plomb, soit au ciment de Portland, suivant les prescriptions de l'ingénieur.

Les trous ou encastrements pour scellements au plomb dans les pierres de taille ou les moellons seront pratiqués de telle sorte que la pièce à sceller, mise en place, n'ait jamais plus de cinq millimètres de jeu. Ils seront toujours plus larges à la base qu'au sommet.

Avant le coulage du plomb, on aura soin de bien assécher les parois de la pierre et de les chauffer de manière à prévenir un refroidissement subit propre à nuire à l'adhérence du plomb à la pierre. On placera ensuite la pièce à sceller bien au milieu des trous ou encastrements, afin que le plomb l'enveloppe complétement et d'une manière uniforme. Puis on disposera à la main des cales en fer, de manière qu'il y ait entre elles des vides pour laisser pénétrer le plomb.

Le plomb fondu sera porté à une température convenable pour être coulé très-liquide et sans discontinuité jusqu'à complet remplissage.

Pour les scellements au ciment de Portland, les trous pratiqués dans les pierres de taille ou les moellons devront être plus larges, de manière à permettre l'introduction et le tassement complet du ciment qui sera arasé avec soin au niveau de la pierre.

On devra veiller à ce que les garde-corps scellés au ciment soient bien maintenus et ne soient pas ébranlés pendant les huit jours qui suivront cette opération.

§ 4. — OUVRAGES ACCESSOIRES.

Calfatages.

140. — Les charpentes destinées à retenir l'eau seront, en général, calfatées à l'étoupe abreuvée et saturée de goudron.

Les bordages étant jointifs, ainsi que le prescrit l'article 115, on ouvrira les joints d'amont en chanfrein avec le ciseau, et on chassera avec force l'étoupe filée en cordons; sur cette première étoupe, on en chassera, s'il est nécessaire, une seconde, puis une troisième, et au besoin un plus grand nombre, préparées de la même manière, de telle sorte que le joint soit bien rempli et que l'étoupe comprimée au refus du maillet affleure la face d'amont du bordage.

Cette opération devra toujours être faite par un temps sec et chaud; les bois et les étoupes seront, en outre, chauffés.

Les joints, suivant l'ordre qui en sera donné, seront recouverts soit avec du brai bouillant employé au pinceau, soit avec des tringles ou liteaux en cœur de chêne de huit centimètres de largeur sur huit millimètres d'épaisseur.

Ces liteaux, dont les bords seront abattus en chanfrein, devront être bien droits, bien sains; ils seront fixés au bordage par des clous espacés de dix en dix centimètres. Préalablement à leur pose, une couche de goudron bouillant sera étendue sur la face en contact avec le joint calfaté.

Les étoupes goudronnées pourront, sur l'ordre de l'ingénieur, être remplacées par de la mousse ; dans ce cas, les joints seront toujours recouverts de liteaux préalablement goudronnés.

L'entrepreneur devra, lorsque cela sera ordonné, exécuter l'étanchement des portes ou des vannages au moyen de coutures avec mousse, fils de genièvre et happes, ainsi que cela se pratique pour le calfatage des bateaux.

Peinture des bois et fers. 141. — Les peintures à l'huile sur bois seront appliquées à deux ou trois couches, suivant les ordres de service ; la première à l'huile bouillante rendue siccative ; les deux autres en couleur suivant les prescriptions de l'ingénieur.

Avant l'application de la première couche, les bois devront être très-propres et avoir été exposés à l'air dans des hangars pendant un temps suffisant pour que toute leur humidité intérieure soit rejetée au dehors.

Lorsque la première couche sera sèche, on remplira soigneusement, avec du mastic à l'huile, toutes les fentes et gerçures des bois ; puis on appliquera successivement, à mesure que les surfaces seront bien sèches, les couches de teinte qui devront être fournies en couleur, étendues uniformément et sans nuances, et assez épaisses pour que tout aspect de bois ait disparu sous la deuxième couche.

Les peintures au vernis seront exécutées avec les mêmes précautions que la peinture à l'huile ; on aura soin, de plus :

1° De conserver la couleur dans un endroit bien sec ;

2° De se mettre à l'abri de toute humidité pour l'exécution du travail ;

3° De laisser évaporer l'essence et de donner les premières couches assez épaisses pour n'avoir plus qu'un glacis à passer en dernier lieu, de manière à bien conserver le brillant ;

4° De vernir à grands traits de façon à repasser le moins possible sur les mêmes parties.

Les fontes et les fers recevront une première couche de peinture au minium, après avoir été parfaitement décapés et nettoyés avec soin. Cette couche sera recouverte, suivant les prescriptions de l'ingénieur, ou de deux couches en gris ou d'une couche en noir.

Toute peinture qui se détériorerait, se fendillerait ou s'écaillerait, sera refaite par l'entrepreneur et à ses frais.

Goudronnages. 142. — Les goudronnages sur bois seront donnés à une, deux ou trois couches, suivant les ordres de service.

Pour exécuter le goudronnage, on commencera par chauffer les bois avec des brandons de paille, afin de les dessécher, de manière que le goudron puisse y adhérer.

Le goudron sera appliqué bouillant, en le faisant pénétrer le plus qu'on pourra dans tous les joints.

Une couche ne sera appliquée que quand la précédente sera parfaitement sèche.

Badigeonnage. 143. — Les blanchissages ou badigeons seront faits, dans chaque cas, suivant les prescriptions de l'ingénieur. Ils consisteront dans un lait de chaux, soit pur, soit à la colle, auquel on ajoutera, suivant la couleur que l'on voudra obtenir, du noir de fumée, ou de l'ocre et de l'alun.

Ces badigeonnages se feront à deux couches, la première après que les surfaces seront bien époussetées; la seconde, lorsque la première sera parfaitement sèche.

Carrelages.

144. — Les carrelages seront établis sur une forme de gravier fin bien pilonnée, et formés de carreaux hexagonaux ou carrés posés sur un lit de mortier fin un peu mou, d'au moins 0^m,03 d'épaisseur.

On posera les carreaux à la main après les avoir mouillés; on les fera couler diagonalement sur la couche de mortier, afin de faire souffler le mortier par les joints montants contre lesquels il aura d'abord été relevé à la truelle.

Les carreaux seront alignés au cordeau, posés en liaison s'ils sont carrés, et dressés bien de niveau.

On tiendra les joints le plus petits possible, et cependant bien garnis de mortier.

Enfin, on lissera fortement ces mêmes joints avec une truellette, en ayant soin de couler du mortier dans les endroits qui n'en seraient pas exactement remplis.

Cloisons

145. — Les cloisons seront, selon ce qui sera prescrit, exécutées en bois ou en briques.

Les cloisons en bois seront formées, soit avec un seul cours de madriers de 0^m,05 d'épaisseur, soit avec deux cours de planches de vingt-sept millimètres d'épaisseur, superposées à recouvrements; ces madriers ou ces planches auront de 0^m,20 à 0^m,30 de largeur, seront posés debout et cloués sur les solives ou entre-voux du plancher et du plafond, ou bien encastrés dans des feuillures pratiquées dans ces solives ou entre-voux; ils laisseront entre eux un vide de 0^m,02 à 0^m,03 et porteront des lattes clouées horizontalement pour recevoir un enduit.

Les cloisons en briques seront maçonnées avec du plâtre gâché ferme, remplissant bien exactement tous les joints. Ces briques seront posées de champ, à joints croisés, et seront dégauchies à la règle et au cordeau, de manière à présenter une surface bien plane et bien d'aplomb.

Pour consolider les cloisons de toute nature, on placera aux angles des poteaux, dits corniers, et de distance en distance, s'il est besoin, des poteaux intermédiaires; tous ces poteaux, ainsi que ceux d'huisserie, porteront des feuillures dans lesquelles s'engageront et s'encastreront, soit les briques, soit les plateaux de bois.

Toutes les cloisons seront revêtues d'une couche en plâtre gris; cette couche sera passée à la taloche, dressée et lissée à la truelle; elle aura dix millimètres d'épaisseur sur les cloisons en briques, et treize millimètres sur celles en bois. Pour ces dernières, les lattes seront préalablement humectées.

Lorsqu'il sera ordonné d'appliquer une deuxième couche, on dégrossira seulement la première et on attendra qu'elle soit parfaitement sèche pour appliquer la seconde; cette seconde couche sera en plâtre gris ou blanc, selon ce qui sera ordonné; elle aura trois millimètres d'épaisseur et sera dressée, lissée et polie avec le plus grand soin.

Le plâtre ne sera gâché qu'au fur et à mesure des besoins, et de manière à ce qu'il ait toute l'onctuosité nécessaire pour s'étendre et adhérer parfaitement sur toute l'étendue des surfaces à revêtir.

Plafonds.

146. — Pour l'exécution des plafonds, on commencera par humecter les lattes, puis on les clouera sur chaque solive en les espaçant d'un centimètre au moins et de deux centimètres au plus.

On appliquera sur ce lattis un enduit en plâtre gris gâché clair qui devra recouvrir toutes les lattes, garnir bien exactement tous leurs vides et pénétrer par derrière, de manière à s'y cramponner solidement ; cet enduit aura treize millimètres d'épaisseur, il sera passé à la taloche, dressé et lissé à la truelle.

S'il doit recevoir une couche en plâtre blanc, l'enduit en plâtre gris sera simplement dégrossi, et on attendra qu'il soit parfaitement sec pour appliquer la couche en plâtre blanc ; cette dernière couche aura trois millimètres d'épaisseur et sera cirée et dressée avec la plus grande régularité.

Les corniches, cadres, moulures, et en général tous les ouvrages en plâtre exécutés au calibre, devront avoir des arêtes bien dressées et bien régulières, parfaitement nettes et pures, sans aucun jarret, ressaut, épaufrure ou écornure.

Vitrerie.

147. — Les carreaux seront coupés bien exactement aux dimensions du cadre qu'ils doivent remplir ; ils seront fixés dans les feuillures au moyen de pointes dites pointes à vitre, et seront mastiqués très-proprement et sans bavures.

L'opération du masticage sera reprise, si besoin est, et les carreaux seront nettoyés après que le mastic aura pris de la consistance.

CHAPITRE III.

Mode d'évaluation des ouvrages.

§ Ier. — TERRASSEMENTS.

Métré des terrassements.

148. — Le cube des terrassements sera toujours compté pour extraction, charge, transport, décharge et régalage, d'après le vide des fouilles exécutées, sans tenir compte d'aucun foisonnement, et non d'après les dimensions des remblais qui en proviendront.

Le métré des fouilles sera fait d'après des profils représentant la surface du sol naturel et indiquant l'état des lieux avant et après les fouilles.

Le métré sur témoins est formellement interdit. L'entrepreneur ne devra donc jamais attaquer une fouille d'emprunt avant que le relief du sol n'ait été bien relevé au moyen de profils vérifiés et acceptés contradictoirement.

Les déblais remaniés seront comptés d'après le cube des déblais primitifs mis en dépôt, sans aucun foisonnement.

Tout déblai exécuté volontairement ou non, en dehors des quantités indiquées, non-seulement ne sera pas porté en compte, mais encore sera remplacé, aux frais de l'entrepreneur, et conformément à ce qui sera prescrit par l'ingénieur, soit par des terres pilonnées et corroyées, soit par du béton ou de la maçonnerie, s'il s'agit d'excavations faites dans les fouilles d'ouvrages d'art, en contrebas du niveau fixé pour leurs fondations.

Prix unique pour fouille, charge, décharge et régalage des déblais à sec de toute espèce.

149. — Le bordereau des prix comprend, pour la fouille, la charge, la décharge et le régalage des déblais à sec de toute espèce, un prix moyen et unique, établi en tenant compte de la nature et des difficultés de toutes sortes des différents terrains à déblayer.

Ce prix moyen et unique est un prix à forfait, et il est formellement stipulé qu'il sera appliqué à tous les déblais, sans distinction.

L'entrepreneur sera censé, par le fait seul de sa soumission, s'être rendu compte, avant l'adjudication, de la nature et des difficultés de toutes sortes des différentes parties du travail à exécuter. Il est, en conséquence, formellement stipulé qu'il ne pourra élever aucune réclamation au sujet de ce prix, quelles que soient la nature et la dureté des différents terrains rencontrés, quels que soient les instruments employés à leur extraction, et alors même qu'il serait obligé d'avoir recours à la mine; sous aucun prétexte, même pour ce dernier motif, il ne pourra prétendre à aucune indemnité.

Prix unique pour dragage, charge, décharge et régalage des déblais sous l'eau de toute espèce.

150. — Le prix unique porté au bordereau pour dragage, charge, transport, décharge et régalage des déblais sous l'eau de toute espèce, est également un prix à forfait, qui s'appliquera aux terrains de toute nature que l'on pourra rencontrer et sans que l'entrepreneur puisse, sous aucun prétexte, réclamer une augmentation de prix.

L'entrepreneur emploiera à son choix, soit des dragues à main ou à treuil, soit des machines; mais la fourniture et l'entretien des unes et des autres, ainsi que des outils accessoires et de tous les échafaudages nécessaires, font partie des faux frais de l'entreprise, et resteront toujours à sa charge.

Classification des déblais à sec et des dragages.

151. — Seront considérés comme déblais à sec et payés au prix n° 1 de la série, les déblais faits jusqu'à 0^m,25 de profondeur sous l'eau.

Seront considérés comme dragages et payés au prix du n° 2 de la série, les déblais de toute nature exécutés à plus de 0^m,25 de profondeur au-dessous du niveau de l'eau déterminé ainsi qu'il va être dit ci-après.

Toutes les fois que l'on exécutera des déblais sous l'eau, le niveau de l'eau, au moment de l'exécution du travail, sera constaté par des attachements contradictoires.

L'entrepreneur devra établir et entretenir toujours en parfait état, à ses frais, les fossés d'écoulement, rigoles, saignées, etc., nécessaires pour conduire les eaux des déblais aux lieux qui seront indiqués, soit dans les cours d'eau, soit aux dépressions du sol les plus voisines.

Dans le classement des déblais, il ne sera tenu aucun compte à l'entrepreneur de la surélévation de la hauteur d'eau qui serait la suite du retard apporté par lui à l'exécution des ouvrages indiqués ci-dessus, ou de défaut de soins avec lequel ils seraient entretenus.

En conséquence, il est formellement stipulé que les déblais des dérivations et de tous les ouvrages qui en dépendent, tels que fossés et contrefossés, déplacements de chemins, fouilles de fondations d'ouvrages d'art, etc., ne seront comptés comme dragages que lorsqu'ils auront été exécutés à plus de 0^m,25 de profondeur au-dessus du niveau de l'eau dans la rivière, au droit de l'extrémité aval de ces dérivations.

Pour la même raison, les déblais pour emprunts de terre et autres ne seront comptés comme dragages que lorsqu'il aura été constaté qu'il était impossible, au moyen de rigoles d'écoulement convenablement disposées, de faire descendre le niveau de l'eau jusqu'à 0^m,25 au-dessus du fond des emprunts.

Dans tous les cas, on ne comptera comme dragages que ce qui sera déblayé à plus de 0^m,25 en contrebas de la cote des plus basses eaux possibles au moment de l'exécution.

Le cube des dragages sera toujours fixé par la comparaison du fond normal des fouilles exécutées, telles qu'elles auront été prescrites par l'ingénieur, avec les profils réguliers suffisamment détaillés, levés contradictoirement avant l'origine du travail, et répétés au même point, chaque fois que l'arrivée d'une crue ou de quelque accident pourrait rendre cette mesure nécessaire.

Néanmoins, lorsque par suite de circonstances exceptionnelles, et dont l'ingénieur seul sera juge, il aura reconnu qu'il y a impossibilité d'employer ce mode de métré, les dragages pourront être mesurés au remblai. Dans ce cas, l'entrepreneur sera tenu, sur l'ordre qu'il en recevra, de donner à ces derniers une forme régulière; la main-d'œuvre et les sujétions qui pourraient en résulter seront entièrement à sa charge.

Le métré ne sera fait, d'ailleurs, qu'après la dessiccation complète des dépôts, et à l'époque qui sera fixée par l'ingénieur, sans que l'entrepreneur puisse réclamer aucune indemnité, quels que soient le temps écoulé depuis la mise en dépôt et le retrait qu'auront éprouvé les remblais.

Conformément aux prescriptions de l'article 148, il ne sera rien compté à l'entrepreneur pour les cubes extraits en dehors des dimensions prescrites; et il demeurera chargé de remplir à ses frais les vides excédants avec toutes les précautions qui seront jugées nécessaires par l'ingénieur.

Évaluation des distances et prix des transports.

152. — La distance à compter pour le transport des déblais se composera :

1° De la distance horizontale entre les centres de gravité des déblais et des remblais ;

2° De douze fois la différence de hauteur entre les mêmes centres de gravité, mais seulement lorsque les transports auront lieu en montant.

Le jet de pelle comprendra la reprise des déblais sur la pelle et le jet à une hauteur de $1^m,60$ ou à une distance horizontale de $4^m,50$.

La fouille et charge comprendra le premier jet de pelle dans la brouette, le tombereau ou le wagon.

On appliquera à chaque mode de transport un prix moyen et unique, établi d'après les distances moyennes déduites du tableau spécial du mouvement des terres. Ce tableau sera obligatoire pour l'entrepreneur qui ne pourra substituer un mode de transport à un autre que sur un ordre de l'ingénieur.

Règlement des cubes des terrassements et valeur des transports.

153. — Après le piquetage qui aura été fait sur le terrain par l'ingénieur, l'entrepreneur, avant de procéder à l'exécution, devra se rendre compte, en consultant les plans, profils en long et en travers, qui lui auront été remis sur récépissé, de l'exactitude des profils et de celle du calcul des terrasses, tant pour les cubes que pour leurs distances moyennes de transports à la brouette, au tombereau et au wagon.

Il lui sera accordé, à cet effet, un délai de quinze jours; ce délai courra à dater de la notification du piquetage faite à l'entrepreneur par l'ingénieur.

Si l'entrepreneur reconnaît des erreurs dans quelques parties de l'avant-métré, soit dans les profils qui leur ont servi de base, soit dans les résultats qui en ont été déduits, il devra, avant l'expiration du délai ci-dessus, les signaler et en demander la vérification contradictoire.

Toute réclamation ultérieure sera rejetée.

Après l'expiration du délai de quinze jours ci-dessus fixé et après rectification, s'il y a lieu, des erreurs qui auraient pu être signalées, les profils et les résultats de l'avant-métré, tant pour les cubes des terrassements que pour leurs distances réduites de transport, seront considérés comme définitifs et obligatoires pour l'entrepreneur et pour l'Administration. Ces résultats serviront de base au règlement définitif des terrassements prévus.

Quant aux terrassements supplémentaires ou imprévus qui pourraient être ordonnés en cours d'exécution et aux terrassements prévus qui pourraient être supprimés, ils feront l'objet de métrés particuliers et spéciaux, d'après les résultats desquels ils seront portés, les premiers en compte, les seconds en déduction de compte.

Ces métrés particuliers seront présentés à l'entrepreneur, auquel il est accordé huit jours pour les vérifier. Après l'expiration de ce délai et après rectification, s'il y a lieu, ils deviendront définitifs comme l'avant-métré général.

Dans tous les cas, le commencement, par l'entrepreneur, des terrassements, soit prévus, soit imprévus, emportera de plein droit l'acceptation de sa part des profils et des métrés.

154. — Pour les terrassements qui seront exécutés au wagon, tout le matériel des voies de fer et tout le matériel roulant seront, ainsi que tous leurs accessoires, fournis et entretenus par l'entrepreneur, et entièrement à ses frais.

Le prix du bordereau pour transport au wagon comprendra toujours implicitement, savoir :

1° Les frais de fourniture, d'établissement, de déplacement, d'entretien et de moins-value des voies de fer, rails, coussinets, chevilles, traverses, coins, aiguilles, changements et croisements de voies, évitements, etc., ainsi que des échafaudages, baleines et autres appontements ;

2° Les frais de fournitures, de réparations, d'entretien, de graissage, de moins-value des wagons et de tout le matériel roulant, et tous les frais et faux frais relatifs à la traction ;

3° La plus-value du chargement et du déchargement, eu égard au creusement des tranchées, au temps perdu pour le placement et les manœuvres des wagons, au remaniement et au transport, par brouettes, des terres à la charge et à la décharge, et tous les frais et faux frais de surveillance et d'organisation de chantiers.

Il est, en conséquence, formellement stipulé que, pour le transport au wagon, l'Administration n'aura à payer que le prix porté au bordereau, et que l'entrepreneur ne pourra élever à ce sujet aucune réclamation ni prétendre à aucune indemnité pour quelque motif que ce soit.

Après la fourniture du matériel et lorsque l'entrepreneur aura régulièrement justifié du paiement intégral de sa valeur et de son droit exclusif de propriété, il recevra, mais seulement à titre d'avance remboursable, des à-comptes basés sur le prix de 4 fr. par mètre courant de voie posée et 125 fr. par wagon. L'Administration rentrera dans ses avances par des retenues opérées au fur et à mesure de l'exécution et du paiement des terrassements au wagon.

A dater de la livraison du matériel des voies et des wagons, aucune partie n'en pourra être détournée des chantiers avant l'achèvement complet du travail, et la totalité en restera affectée à la garantie de cette exécution et comme gage des avances qui auraient été faites.

Si, par une cause quelconque, l'entrepreneur ne faisait pas convenablement ses transports, l'administration, après une mise en demeure, les ferait terminer soit en régie, soit par un nouvel entrepreneur, en se servant de la voie et du matériel roulant approvisionnés par l'entrepreneur primitif, sans avoir pour ce fait aucune indemnité à lui payer.

155. — Il sera fait un prix particulier pour la plus-value à payer pour les pierres et les matériaux, trouvés dans les fouilles, qui seront susceptibles d'emploi et seront mis en réserve sur l'ordre de l'ingénieur. Le cube de ces matériaux ne sera, d'ailleurs, déduit, ni pour la fouille ni pour le transport, du cube total des déblais, des dragages ou des emprunts, dans lesquels ils auront été extraits.

Moyennant la plus-value ci-dessus, ces matériaux seront triés, transportés à la distance qui sera indiquée au bordereau, puis emmétrés au lieu d'emploi.

Il ne sera apporté aucun changement aux résultats du tableau du mouvement des terres par l'effet de cette mise en réserve.

156. — Les faux frais et mains-d'œuvre nécessaires pour l'enlèvement des souches d'arbres, de buissons ou de haies qui se trouveraient à la surface du sol et dans l'intérieur des terrains à fouiller, ou à la surface du sol à l'empla-

cement des remblais, sont compris dans le prix des terrassements et ne donneront lieu à aucune plus-value.

Règlement des surfaces de déblais et de remblais.

157. — Le règlement des surfaces de déblais et de remblais sera payé, par mètre carré, au prix du bordereau.

Ce prix ne sera payé que pour les surfaces des déblais et des remblais qui devront former parements vus, et il ne sera appliqué, dans aucun cas, aux faces supérieures des routes et des chemins à rétablir, aux surfaces des cavaliers de dépôt, des fouilles d'emprunt ou de fondation, des gradins ou essartages sous remblais, dont le règlement des surfaces sera toujours compris dans le prix des fouilles.

Ce prix du règlement des surfaces sera pris à forfait par l'entrepreneur pour les terrassements prévus et imprévus, quelle que soit la nature du terrain rencontré.

S'il arrive que, par suite d'un ordre de service donné en cours d'exécution, et pour un autre motif que les réparations prescrites par l'article 79, l'entrepreneur soit obligé de déblayer dans une surface déjà réglée, le règlement sera payé pour cette surface et pour la nouvelle; moyennant ce double prix du règlement et le prix des nouveaux déblais à exécuter, l'entrepreneur ne pourra prétendre à aucune indemnité pour la recoupe à faire dans cette surface, quelque faible que soit l'épaisseur de cette recoupe et quelle que soit la nature du terrain dans lequel elle sera exécutée.

§ 2. — MAÇONNERIES.

Métré du béton.

158. — Le béton sera toujours mesuré après l'emploi et d'après les profils levés dans les fouilles, avant et après l'exécution du travail.

On n'aura recours au métré par caisses que quand l'ingénieur aura reconnu l'impossibilité d'agir autrement.

Métré des maçonneries.

159. — Toutes les espèces de maçonnerie, sans exception, seront mesurées d'après le cube réellement mis en œuvre; il ne sera accordé aucun déchet pour refouillements, évidements, parties courbes, coupes linéaires, etc., ni aucune plus-value pour parements courbes ou autres parements de sujétion.

Métré de la taille.

160. — La taille de la pierre de taille sera mesurée au parement vu, suivant le développement des surfaces exécutées, tant courbes que planes, et sans égard aux usages particuliers. Le prix unique du bordereau comprend la façon des lits et joints. Il comprend également la main-d'œuvre pour évidements, refouillements, faces courbes ou biaises; il ne sera par suite accordé aucune plus-value pour ces objets.

Il sera ménagé un larmier sur la partie en saillie de toutes les plinthes; le prix de ce larmier ne sera pas payé séparément, parce qu'il est implicitement compris dans le prix de la taille.

Il ne sera rien ajouté non plus pour les refends qui seraient indiqués dans les dessins du projet, ou qui seraient prescrits par l'ingénieur en cours d'exécution, avant la taille, et la pierre de taille figurera, dans le métré, pour le cube et pour le parement vu, comme si elle avait été taillée à vives arêtes.

On ne comptera et on ne paiera, d'ailleurs, comme parements que les surfaces qui resteront véritablement vues après l'achèvement des travaux, et on ne tiendra aucun compte des surfaces qui devront être recouvertes, soit par des terres ou perrés, soit par un enduit de mortier ou plâtre, soit par des menuiseries ou charpentes. Enfin toute saillie de la pierre de taille sur le nu des moellons, au-dessous de cinq centimètres, sera considérée comme faisant partie des lits et joints et ne sera pas comptée comme parement.

En général, la préparation et la taille des moellons de toute nature, ordinaires, smillés, piqués ou d'appareil, seront toujours implicitement comprises dans le prix du mètre cube de maçonnerie de ces diverses espèces de moellons.

Il en sera de même des faux frais et mains-d'œuvre de toute nature qui résulteraient des prescriptions du devis relatives à l'exécution de ces maçonneries.

Il pourra néanmoins être fait exception à la clause précédente, pour la maçonnerie de parements vus en moellons ordinaires épincés. Cette maçonnerie sera payée, comme cube, au prix de la maçonnerie ordinaire; mais en cas d'une stipulation expresse du bordereau des prix, il sera alloué par mètre carré de parement vu une plus-value qui comprendra tout ce qui est relatif à la fourniture des boutisses, au choix, à l'épinçage et à l'emploi de ces moellons de parement, ainsi qu'au rejointoiement.

Métré des enrochements. 161. — Les enrochements seront comptés d'après le volume qu'ils occuperont en place après l'emploi.

Toutefois, lorsqu'ils devront être échoués, on les emmétrera toujours avant l'emploi, avec soin et aussi jointivement que possible; mais on ne se servira des résultats de cet emmétrage que lorsque des cas de force majeure empêcheront de constater le cube en place. Cet emmétrage fait partie des faux frais de l'entreprise et ne donnera lieu à aucune augmentation de prix.

Les enrochements prévus à l'aval des barrages et des écluses ne seront exécutés qu'au fur et à mesure des besoins, conformément aux indications qui seront données en cours d'exécution, et sans que l'entrepreneur puisse réclamer de ce chef aucune indemnité.

L'Administration se réserve formellement le droit de distraire de l'entreprise les parties de ces travaux qu'elle reconnaîtrait n'être pas indispensables à la sécurité des ouvrages.

L'entrepreneur, par le seul fait de sa soumission, renonce formellement à toute indemnité, à raison de cette diminution dans la masse des ouvrages.

§ 3. — CHARPENTE, FERRONNERIE ET OUVRAGES ACCESSOIRES.

Battage des pieux et palplanches. 162. — Les battages seront faits au mètre courant de fiche pour les pieux et au mètre superficiel pour les palplanches, et payés aux prix de la série qui comprennent la fourniture des sonnettes, les échafaudages ou appontements, et, en général, tous les frais d'appareils et d'installation nécessaires pour l'opération.

Le battage des pieux et palplanches pourra être effectué en régie, sans que l'entrepreneur puisse rien réclamer de ce chef.

Métré des pieux et palplanches. 163. — Les pieux et palplanches auront les longueurs fixées en exécution par les ordres de service remis aux entrepreneurs.

Ils seront mesurés avant le battage, et tous ceux qui seront reçus seront poinçonnés, soit à leur tête, soit à une longueur égale à celle prescrite, comptée à partir de leur extrémité.

On ne déduira pas les longueurs retranchées par le recépage au-dessous de la marque de l'Administration.

Charpentes pour ouvrages définitifs.

164. — Tous les bois de charpente seront mesurés après leur emploi et payés au mètre cube, d'après leurs dimensions effectives en œuvre.

On n'aura aucun égard, dans le métré, aux déchets, tels que ceux d'équarrissage, de fausses coupes, pertes sur les bouts, assemblages, etc., qui seront toujours considérés comme compris dans les prix de charpente.

Ces prix comprendront encore tous les refouillements nécessaires dans les maçonneries, les entailles et trous de boulons nécessaires pour la pose de tous les fers relatifs à ces charpentes, les scellements et la mise en place définitive des bois.

Ils comprennent enfin, en outre de la fourniture et de la pose, le transport, les échafaudages, le montage, la mise au levage et généralement toutes les fournitures et mains-d'œuvre nécessaires pour l'exécution complète des ouvrages, notamment les clous et pointes au-dessous de $0^m,12$ de longueur, nécessaires pour la pose des chevrons, couchis et madriers.

Bois pour travaux provisoires.

165. — Les bois des charpentes pour travaux provisoires, tels que les ponts de service à établir aux frais de l'Administration, les cintres, les bâtardeaux et autres ouvrages accessoires, seront repris par l'entrepreneur qui sera tenu d'ailleurs de faire à ses frais la démolition et l'enlèvement de ces bois; tous les faux frais, y compris échafaudages, pertes de bois, etc., resteront à sa charge.

On ne comptera comme bois de premier emploi que ceux qui n'auront encore servi sur aucun chantier de l'entreprise en cours d'exécution; l'entrepreneur sera tenu d'utiliser en réemploi, autant de fois qu'ils pourront servir, les bois pour lesquels on lui aura déjà payé un premier emploi. Il ne lui sera rien compté pour le transport de ces bois d'un chantier à un autre.

Cintres.

166. — Les cintres de voûtes jusqu'à 8 mètres d'ouverture inclusivement seront payés par mètre carré de douelle pour toutes fournitures, façons, transport, pose et dépose.

L'ouverture des ponts sera mesurée aux anneaux en pierre de taille des têtes, sans tenir compte de la rentrée du moellon quand elle existera.

Dans les ponts biais, l'ouverture des ponts sera toujours comptée perpendiculairement à l'axe de l'ouvrage.

Menuiserie.

167. — Les ouvrages de menuiserie seront payés, soit au mètre carré, soit au mètre courant, soit à la pièce, selon les distinctions établies par le bordereau des prix.

Lorsque les portes et croisées seront comptées au mètre carré, elles seront mesurées avec leurs cadres dormants, d'un seul côté, et sans développer les surfaces.

Les prix de tous les ouvrages de menuiserie comprendront toujours implicitement tous les frais de pose, d'ajustage, ainsi que les fournitures de toute espèce, notamment les pointes, clous, crosses, happes, crampons, etc.

Fers, fontes et aciers.

168. — Les fers et les fontes seront toujours payés au kilogramme. Si quelques ferrures doivent être payées à la pièce, elles seront indiquées spécialement dans les devis.

Tous les poids des fers et des fontes seront constatés contradictoirement avant leur emploi.

A cet effet, l'entrepreneur sera tenu, à ses frais, de mettre à la disposition de l'ingénieur ou de ses agents, dans le local qui lui sera désigné, les poids, les balances et les bascules indispensables à la constatation régulière de toutes les pesées. Il devra également fournir, à ses frais, le personnel nécessaire à cette opération.

Il est accordé à l'entrepreneur une tolérance de trois pour cent sur les poids demandés ; tout excès au delà de cette tolérance ne sera pas compté.

Dans le cas où il y aurait impossibilité de peser les fers avant leur emploi, le poids des pièces serait calculé d'après leurs dimensions, en admettant comme poids spécifiques :

> Pour la fonte. . . . . 7,200 kilogrammes.
> Pour le fer. 7,800   —

Les prix portés à la série comprennent tous les frais de fournitures, épreuves, main-d'œuvre, modèles, transport, emploi et ajustage.

Fers
pour ouvrages provisoires.

169. — Les fers employés dans les ouvrages provisoires resteront la propriété de l'entrepreneur, les prix ayant été calculés en conséquence ; l'entrepreneur sera d'ailleurs tenu de faire à ses frais la dépose et l'enlèvement de ces fers.

Plomb
pour scellements.

170. — Le plomb à employer en scellements sera pesé avant l'emploi et payé au kilogramme. Le poids maximum à employer pour chaque espèce de scellement sera déterminé, et, si ce poids était dépassé, l'excédant ne sera pas payé à l'entrepreneur.

Lorsqu'il résultera du bordereau des prix ou du devis particulier que le plomb et autres fournitures pour scellements sont compris dans le prix des fers et fontes, ces matières ne seront pas portées en compte de la main-d'œuvre du scellement.

Le prix de la façon des trous pour scellements sera toujours compris dans celui de la pose des fers à sceller ; il n'en sera pas tenu compte à l'entrepreneur autrement.

Ouvrages accessoires.

171. — Les crépis, enduits au mortier ou au plâtre, carrelages, cloisons, plafonds, couvertures, vitreries, etc., seront payés au mètre carré, sans avoir égard aux us et coutumes.

Le mesurage des peintures et du goudronnage sera fait à la surface réelle et il ne sera dû aucune plus-value pour les parties courbes, non plus que pour les angles saillants ou rentrants.

Les prix du bordereau comprennent tous les frais accessoires, tels qu'échafaudages, chauffage, etc., que peuvent exiger les travaux portés au présent article.

Prescriptions diverses. 172. — Tous les ouvrages qui ne sont pas spécialement désignés au présent chapitre seront payés au mètre linéaire, au mètre carré, au mètre cube, au kilogramme ou à la pièce, suivant les indications ou les prix du bordereau, déduction faite du rabais de l'adjudication.

Pour ces ouvrages, comme pour tous ceux qui font partie de l'entreprise, il ne sera tenu compte des quantités exécutées que dans les limites des dimensions prescrites, conformément à l'article 23 des clauses et conditions générales.

CHAPITRE III.

Conditions et dispositions générales.

Chefs d'atelier et instruments sur les chantiers.

173. — L'entrepreneur aura toujours, pour chaque chantier d'ouvrage d'art et pour chaque atelier de quarante hommes employés aux terrassements, un chef d'atelier qui sera muni, sur le chantier même, d'un niveau d'eau avec son pied et sa mire, d'un décamètre en fer et d'un double mètre en bois. Il y ajoutera, pour les ouvrages d'art les plus importants, plusieurs règles de 4 à 10 mètres bien divisées. Ces instruments seront mis à la disposition des agents de l'Administration quand ils le demanderont.

Faute par l'entrepreneur de satisfaire à cette condition, il pourra y être pourvu d'office, à son compte, après un simple avertissement par lettre du conducteur des travaux.

Travaux en régie.

174. — Les bâtardeaux et épuisements pour fondations d'ouvrages d'art seront exécutés par voie de régie.

Pourront, selon que l'ingénieur le jugera convenable, et sans aucune indemnité pour l'entrepreneur, être détachés et distraits de l'entreprise pour être exécutés en régie, soit à la journée, soit à la tâche, soit par des marchés particuliers, les travaux ci-après, savoir :

1° Le pilonnage des remblais ;

2° Les corrois ;

3° Les semis, boutures et plantations ;

4° Les clayonnages, fascinages et tunages ;

5° Le battage des pieux et palplanches ;

6° Les ouvrages en ciment de Vassy, de Portland ou autres analogues ;

7° Les ouvrages en mastic minéral.

Ouvrages temporaires, faux frais.

175. — Tous les ouvrages temporaires pour l'exécution, le passage et la décharge des déblais, ainsi que pour l'exécution des ouvrages d'art, tels que chemins, échafaudages, ponts de service et appareils provisoires de toute nature, bateaux, radeaux et machines de toute espèce, quelles qu'en soient les dimensions, seront considérés comme faisant partie des faux frais de l'entreprise et seront entièrement à la charge de l'entrepreneur.

Les frais d'éclairage pour l'exécution de tous ouvrages, ainsi que tous droits de bacs, de péage de ponts, de navigation, de douanes et d'octrois, resteront à la charge de l'entrepreneur. Il en sera de même des contributions qui pourront être exigées pour la réparation des chemins vicinaux ou autres.

L'entrepreneur devra construire, à ses frais, sur les chantiers où l'utilité en sera reconnue par l'ingénieur, un bâtiment couvert en tuiles, enduit et plafonné, destiné à servir d'ambulance. Les dimensions en seront fixées à l'entrepreneur.

Les baraques qu'il sera nécessaire de construire pour y loger et nourrir les ouvriers seront également à la charge de l'entrepreneur.

A proximité de chacun des grands chantiers, l'entrepreneur mettra à la disposition des agents de l'Administration chargés de la surveillance des travaux un bureau spacieux, garni des meubles nécessaires, chauffé, éclairé, gardé et entretenu aux frais de l'entrepreneur et au gré de l'Administration qui en aura seule l'usage.

Maintien de la circulation et précautions contre les accidents.

176. — Sont également à la charge de l'entrepreneur les dépenses à faire et les indemnités à payer pour le maintien convenable de la circulation sur les chemins et routes, pendant que l'on exécutera le déplacement ou la modification de ces voies de communication.

L'entrepreneur disposera ses ateliers aux abords des voies de communication modifiées, de manière à ne jamais interrompre la circulation et à la gêner le moins possible; il se conformera aux ordres de service qu'il recevra à ce sujet.

Les barrières de défense, les frais d'entretien et d'éclairage seront à sa charge, et il demeurera responsable de tous les accidents qui auraient lieu sur ces points par suite de sa négligence.

Enlèvement des débris de matériaux.

177. — Après l'achèvement de chaque ouvrage, l'emplacement de cet ouvrage et tous les terrains aux abords devront être débarrassés de tous débris et de tous matériaux de rebut ou en excès.

Ce travail ne sera pas payé à l'entrepreneur; il fait partie des faux frais.

Élection de domicile par l'entrepreneur.

178. — Faute par l'entrepreneur d'élire un domicile dans le délai et dans les formes prescrites par le cahier des clauses et conditions générales, toutes notifications lui seront valablement faites à la mairie de la commune où résidera l'ingénieur chargé de la direction des travaux.

Clauses et conditions générales.

179. — L'entrepreneur sera d'ailleurs soumis:

Aux clauses et conditions gnérales imposées, à la date du 16 novembre 1866, aux entrepreneurs des ponts et chaussées.

Le présent devis, dressé par l'ingénieur ordinaire, soussigné.

Nancy, le 25 juillet 1874.

R. DENYS.

Vérifié et présenté par l'ingénieur en chef, directeur du canal de l'Est, soussigné, conformément à son avis en date de ce jour.

Nancy, le

H. FRÉCOT.

Le présent devis, approuvé par décision de M. le Ministre des travaux publics, en date du

L'Ingénieur en chef, directeur du canal de l'Est.

H. FRÉCOT.

A joindre au projet du   lot du   arrondissement
de la   section du canal de l'Est.

L'Ingénieur ordinaire,   *L'Ingénieur en chef,*

TABLE DES MATIÈRES

§ 4. — *Matériaux pour ouvrages accessoires.*

§ 5. — *Réception des matériaux.*

CHAPITRE II.

EMPLOI DES MATÉRIAUX ET MODE D'EXÉCUTION DES OUVRAGES.

§ 1ᵉʳ. — *Terrassements, gazonnements, plantations, fascinages, etc.*

§ 2. — *Maçonneries, pavages, empierrements, etc.*

§ 3. — *Charpentes et ferronnerie.*

CHAPITRE III.

MODE D'ÉVALUATION DES OUVRAGES.

§ 1er. — Terrassements.

§ 2. — Maçonneries.

§ 3. — Charpentes, ferronnerie et ouvrages accessoires.

CHAPITRE IV.

CONDITIONS ET DISPOSITIONS GÉNÉRALES.

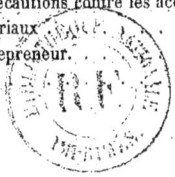

Nancy, imprimerie Berger-Levrault et Cie.

www.ingramcontent.com/pod-product-compliance
Lightning Source LLC
Chambersburg PA
CBHW070932280326
41934CB00009B/1841